「言葉の力」が子どもを育てる

～今、子育てに必要なこと～

エイデル研究所

まえがき

新しい幼稚園教育要領と保育所保育指針が、二〇〇九年四月一日から施行されます。今回の要領や指針を見て、読者の皆さんはどのような感想をお持ちになったでしょうか。要領や指針なるものには、時の政治や経済の要請が投影され、過去一〇~二〇年ぐらいの社会のありようが見え隠れするものです。だから、文言の一字一句を細かく分析、読み解くことも大切なことではあると思いますが、社会背景を読み解くことがより大切ではないかと思います。

また、要領や指針には抽象的な言葉が羅列される傾向があります。まずは、その抽象的な言葉を園としてどう解釈するのか、今後現場に要求されてくるであろうことに園としてどう対応するのか、を組織内で統一をはかって欲しいと思います。

今回の新しい教育要領・保育所保育指針の前提の一つに、二〇〇三年五月に文部科学大臣から諮問を受け始まり、二〇〇八年一月一七日に公表された中央教育審議会の答申があります。それを忘れてはなりません。この答申はA4判一五〇頁に及ぶ膨大なもので、「ゆとり教育からの脱却」と言われていますが、「言葉の力」と「学力」を大きく前面に打ち出してきました。これは、園と家庭を結ぶ保育誌『げ・ん・き』を一九八七年に創刊してから、これまでずっと追い求めてきた、乳幼児期からの「読み聞かせ」の大切さと合致するものでありますが、「今ごろ何を言ってんの?」と、いささか遅きに失した感があります。同時に『げ・ん・き』は、子どもとメディア・ITとの関わり方について、早くから警告を発してきました。しかし、この四半世紀の急激な科学技術の発達が、人間から「言葉の力」や「コミュニケーション力」を育む機会を奪い、その分だけ殺伐とした社会になってきたように思います。テレビの草創期に大宅壮一氏が言った「一億総白痴化」の言葉が浮かびます。

本書では〝育て直し〟という言葉を幾度となく使っています。この言葉は『広辞苑』にも載っていない、一般の方にはなじみのない言葉かもしれません。人生の各時期にはそれぞれ固有の発達課題があり、それを順番に踏み固めていくことが大切です。しかし、それが不十分だったり、発達の特性を無視した子育てを受けた結果、言葉の遅れ、目を合わせることができない、極端に触られることを嫌う、多動など、いわゆる〝気になる子〟が増えています。そうした子どもたちを年齢相応の子どもにしてあげる過程そのものが、〝育て直し〟です。多くの場合、乳幼児体験が問われることになりますが、〝気になる子〟の近くには〝気になる保護者（大人）〟がいます。そして、保護者が育ち直ることによって、子どもも育ち直った、という例が数多く報告されています。

新しい要領や指針には、〝育て直し〟という言葉は出ていませんが、幼児教育現場では、〝育て直し〟をしなければならないことは周知の事実です。また、指針には「保護者に対する支援」が謳われています。幼い子どもたちが幸せな人生を歩んでいけるように、〝気になる子〟に気づいたら、保護者と一緒に育て直しをするという、そういう保護者支援であってほしいと思います。

私はこの仕事に携わってから二〇数年が経ちます。社会もずいぶん変わりました。大人の感性もずいぶん変わりました。その影響を子どもたちは確実に受けています。『げ・ん・き』に載せた稚拙な文章ですが、今でも大切にしなければならないこと、今こそこだわってほしいことなどを中心に、それに手を加えて一冊の本にまとめました。

もの言わぬ子どもたちの将来が、より明るいものになるために本書を活用していただければ有り難く存じます。

二〇〇八年八月

筆者

第一章　消えゆく音声言語

1 なぜ今「確かな学力」なのか

今から一六年前の一九九二年に、『滅びゆく思考力』（J・ハーリー著　西村辨作　新美明夫　編訳　大修館書店）という本が日本で発売されました。当時、この本を手にした私は「やがて日本もこうなるぞ」と思ったものですが、今の日本はまさにアメリカの後を追っている、そんな気がします。

その書は、

アメリカの一七歳の高校生の多くが、就職願書すら書くことができず、雑誌『フォーチュン』は「国同士が頭脳で競争するハイテク時代に、アメリカの学校は文盲の軍隊を作っている」と断言し、『ウォール・ストリート・ジャーナル紙』は教育問題特集号で「自分の小切手帳の残高さえも計算できない銀行の新採用の出納係、一〇人の応募者のうち郵便事務に必要な最低限の読み書き能力の規準を満たしたのは一人だけという広告代理店」、また、モトローラ社による全米の応募者の八〇％が中学一年の国語と小学校六年生の算数の問題が解けなかった。

と報告しています。

そして、学校の教師について、

①　聞く力の低下

②　順序だてて捉える能力の低下
③　言葉の代わりに身振り手振りを使う傾向
④　語彙、知識の低下
⑤　埋め合わせの言葉を使う傾向（アノー、えーと、そのつもりで等々）
⑥　話し言葉から書き言葉への切り替えの難しさ

等々の問題点をあげています。さらに、

子どもたちは以前にも増して語彙をよく知っているように思われるし、一般的には豊富である。大部分の幼い子どもはものごとをよく知っているように見える。それはテレビ等々からのうわべの知識だけは吸収しているからである。
子どもの初期の言語経験の欠如は、かなり長期的影響を与え（傍点筆者）、これら（前述の①〜⑥）の能力の低下の原因は言語能力の低下にある。

と訴えています。訳者あとがきの中では、

今や技術や経済において、日本はアメリカを凌《しの》いでいる。しかし、文化面においては良きにつけ悪しきにつけアメリカの後を追っている。本書に述べられているいくつかの現象は、やがて日本社会にも現れてくるだろう。いや、もう現れているかもしれないと思う。

と記しています。

それから一〇年後の二〇〇二年七月二二日の読売新聞『ニッポンの学力』に、こんな記事が載っていました。

＊ある電力会社では一〇年前に、高卒社員の学力低下が仕事に支障をきたしているとして、入社二、三年の社員にオームの法則や関数を勉強させたが、一〇年たっても見るべき成果はなかった。わかったことは学ぶ意欲が低下しているということ。

＊ある就職情報会社が行った過去の入社試験の結果分析によると、計算や論理の基礎能力は落ちていないが語彙力は低下した。

＊中小企業を中心に研修を行っているある研修会社の社長は、一〇人中九人は読み書きもしつけもできていない。計算や国語の基礎がない人に独創的な考えを期待しても無理。

私のような仕事をしていると大学の先生方にお目にかかる機会がよくあります。先生方に今どきの学生の話をうかがうと、異口同音に学生が変わったと言います。それは多岐にわたりますが、モラルの欠如、社会への無関心、学力の低下、聞く力のなさ、等々。そういう話をたびたび聞かされるうちに、その原因は乳幼児からの読み聞かせ、人間の生のボイスシャワーの欠如に端を発した活字離れが一因ではないか、自ら学ぶ習慣がついていないのではないか、自分の考えをまとめる力がついていないのではないか、と真剣に思うようになりました。

事実、二〇〇八年七月一八日付の毎日新聞は私立大学情報教育協会の調査をもとに「教員の半数以上が学生に基礎学力がない」と報じています。その中身は、「学生に基礎学力がない」と答えた教員は、理学系で70・4％、工学系で66・1％、短大教員で64・7％にのぼり、「学生に学習意欲がない」と答えた教員は全体の37・2％、「学生が教員の言葉を理解できない」と答えた教員は全体の13％で、同協会は「教員からは小中学校レベルの学力さえない学生もいるとの話も聞いている。こうしたレベルの学生については、大学の補習で対応できる状況にはなく、改善のために教育界が組織をあげて取り組まなければならない問題だ」とコメントしています。

こうした社会状況のもと、今回の学習指導要領の改訂では、「確かな学力」を基盤としたそれを支える「言葉の力」が謳われました。また、その前提として中央教育審議会が答申した『幼稚園、小学校、中学校、高等学校及び特別支援学校の学習指導要領の改善について』では「全ての教科・領域での教育活動において言葉の力の育成を念頭に置かなければならない」と謳っています。指針や答申がそう謳わざるを得なかった背景には、前述のような豊かな時代に育った子どもたちの〝貧しい言葉〟〝基礎・基本ができていない学力の低下〟があることを忘れてはなりません。

2 新しい教育要領・保育指針をどう見るか

新しい『幼稚園教育要領』と『保育所保育指針』が公布されました。施行は平成二一年四月一日からです。今回の改訂（改定）について、幼児教育現場では「思っていたよりもいいものができた」とか「今までのものでいいのではないか」という賛否両論があるようですが、いずれにしても、その中身と改訂（改定）に至った背景を知ることは、現場を預かるものとして大切なことではないかと思います。

そして、今回の改訂（改定）の基本的考え方及び改訂（改定）の要点・改訂（改定）の内容について、文部科学省と厚生労働省は次のように述べています。それを表したものが左表です。

幼稚園教育要領	保育所保育指針
【今回の改訂の基本的考え方】 ① 教育基本法改正等で明確となった教育の理念を踏まえ「生きる力」を育成。 ② 知識・技能の習得と思考力・判断力・表現力等の育成のバランスを重視。 ③ 今回の改正により、教育の理念として、新たに規定された公共の精神、伝統や文化の尊重などを踏まえ、伝統や文化に関する道徳教育、体験活動等を充実。 **【今回の改訂の要点】** ① 幼小の円滑な接続を図るため、規範意識や思考力の芽生	**【今回の改定の基本的考え方】** ① 質の向上の観点から、大臣告示化により最低基準としての性格を明確化。 ② 保育所の創意工夫や取組を促す観点から、内容の大綱化（13章から7章に）。 ③ 保育現場で活用され、保護者にも理解されるよう、明解で分かりやすい表現に。 ④ 指針と併せ、解説を作成。 **【今回の改定の内容】** ① 保育所の役割

えなどに関する指導を充実するとともに、幼小の連係を推進。
② 幼稚園と家庭の連続性を確保するため、幼児の家庭での生活経験に配慮した指導や保護者の幼児期の教育の理解を深めるための活動を充実。
③ 預かり保育（幼稚園における教育課程終了後などに引き続き園児を預かること）の具体的な留意事項を示すとともに、子育ての支援の具体的な活動を例示。

【小中高の新しい指導要領の特徴】
① 教育基本法や学校教育法などの改正を踏まえた初めての改訂
② 「確かな学力」の基幹となる「言葉の力」
③ 言語能力を国語科だけでなくすべて教科で育てることを重視
＊言葉を通して的確に理解する能力
＊論理的に思考し表現する能力
＊互いの立場や考えを尊重して言葉で伝え合う能力
＊我が国の言語文化に触れて感性や情緒を育むこと

保育所の役割（目的・理念、子どもの保育と保護者への支援など）、保育士の業務、保育所の社会的責任を明確化。
② 保育の内容、養護と教育の充実
＊養護と教育が一体的に展開される保育所保育の特性とその意味内容の明確化。
＊養護と教育の視点を踏まえた保育のねらいと内容の設定。
＊保育内容の大綱化、改善・充実。
＊誕生から就学までの長期的視野を踏まえた子どもの発達の道筋。
＊健康・安全及び食育の重要性、全職員の連携・協力による計画的な実施。
③ 小学校との連携
保育の内容の工夫、小学校との積極的な連携、子どもの育ちを支えるための資料の送付・活用。。
④ 保護者に対する支援
＊保育所の特性や保育士の専門性を生かした保護者支援
＊子どもの最善の利益の考慮、保護者とともに子育てに関わる視点、保護者の養育力の向上等に結びつく支援の重要性。
⑤ 計画・評価、職員の資質向上
＊保育実践の組織性・計画性を高めるための「保育課程」の編成。
＊自己評価の重要性、評価効果の公表。
＊研修や職員の自己研鑽等を通じた職員の資質向上、職員全体の専門性の向上。
＊施設長の責務の明確化。

中でも、網かけ部分の【小中高の新しい指導要領の特徴】にあげられている「確かな学力」の基幹となる「言葉の力」、「言語能力を国語科だけでなくすべての教科で育てることを重視」というのは、今後の子育てや教育のあり方を考える上でとても大切にしなければならないことだと思います。

幼稚園教育要領と保育所保育指針の関係については、昭和三八年に文部省・厚生省それぞれの局長名で「保育所のもつ機能のうち、教育に関するものは、幼稚園教育要領に準ずることが望ましい」と通知されて以来、その両者の整合性を図ってきました。それを今回の幼稚園教育要領第2章『ねらい及び内容』と、保育所保育指針第3章保育内容『(2) 教育に関わるねらい及び内容』を比較すると次のようになります。

新しい幼稚園教育要領	新しい保育所保育指針
この章に示すねらいは幼稚園修了までに育つことが期待される生きる力の基礎となる心情、意欲、態度などであり、内容はねらいを達成するために指導する事項である。これらを幼児の発達の側面から、心身の健康に関する領域「健康」、人とのかかわりに関する領域「人間関係」、身近な環境とのかかわりに関する領域「環境」、言葉の獲得に関する領域「言葉」及び感性と表現に関する領域「表現」としてまとめ、示したものである。 各領域に示すねらいは幼稚園における生活の全体を通じ、幼児が様々な体験を積み重ねる中で相互に関連をもちながら	

次第に達成に向かうものであること、内容は幼児が環境にかかわって展開する具体的な活動を通して総合的に指導されるものであることに留意しなければならない。

なお、特に必要な場合には、各領域に示すねらいの趣旨に基づいて適切な、具体的な内容を工夫し、それを加えても差し支えないが、その場合には、それが第1章の第1に示す幼稚園教育の基本を逸脱しないよう慎重に配慮する必要がある。

健康

〔健康な心と体を育て、自ら健康で安全な生活をつくり出す力を養う。〕

1　ねらい

（1）明るく伸び伸びと行動し、充実感を味わう。
（2）自分の体を十分に動かし、進んで運動しようとする。
（3）健康、安全な生活に必要な習慣や態度を身に付ける。

2　内容

（1）先生や友達と触れ合い、安定感をもって行動する。
（2）いろいろな遊びの中で十分に体を動かす。
（3）進んで戸外で遊ぶ。
（4）様々な活動に親しみ、楽しんで取り組む。
（5）先生や友達と食べることを楽しむ。
（6）健康な生活のリズムを身に付ける。
（7）身の回りを清潔にし、衣服の着脱、食事、排泄などの生活に必要な活動を自分でする。

ア　健康

健康な心と体を育て、自ら健康で安全な生活をつくり出す力を養う。

（ア）ねらい

①明るく伸び伸びと行動し、充実感を味わう。
②自分の体を十分に動かし、進んで運動しようとする。
③健康、安全な生活に必要な習慣や態度を身に付ける。

（イ）内容

①保育士や友達と触れ合い、安定感を持って生活する。
②いろいろな遊びの中で十分に体を動かす。
③進んで戸外で遊ぶ。
④様々な活動に親しみ、楽しんで取り組む。
⑤健康な生活のリズムを身に付け、楽しんで食事をする。
⑥身の回りを清潔にし、衣類の着脱、食事、排泄など生活に必要な活動を自分でする。
⑦保育所における生活の仕方を知り、自分たちで生活の場

(8) 幼稚園における生活の仕方を知り、自分たちで生活の場を整えながら見通しをもって行動する。
(9) 自分の健康に関心をもち、病気の予防などに必要な活動を進んで行う。
(10) 危険な場所、危険な遊び方、災害時などの行動の仕方が分かり、安全に気を付けて行動する。

3 内容の取扱い

上記の取扱いに当たっては、次の事項に留意する必要がある。

(1) 心と体の健康は、相互に密接な関連があるものであることを踏まえ、幼児が教師や他の幼児との温かい触れ合いの中で自己の存在感や充実感を味わうことなどを基盤として、しなやかな心と体の発達を促すこと。特に、十分に体を動かす気持ちよさを体験し、自ら体を動かそうとする意欲が育つようにすること。
(2) 様々な遊びの中で、幼児が興味や関心、能力に応じて全身を使って活動することにより、体を動かす楽しさを味わい、安全についての構えを身に付け、自分の体を大切にしようとする気持ちが育つようにすること。
(3) 自然の中で伸び伸びと体を動かして遊ぶことにより、体の諸機能の発達が促されることに留意し、幼児の興味や関心が戸外にも向くようにすること。その際、幼児の動線に配慮した園庭や遊具の配置などを工夫すること。
(4) 健康な心と体を育てるためには望ましい食習慣の形成が大切であることを踏まえ、幼児の食生活の実情に配

を整える。
⑧自分の健康に関心を持ち、病気の予防などに必要な活動を進んで行う。
⑨危険な場所や災害時などの行動の仕方が分かり、安全に気を付けて行動する。

慮し、和やかな雰囲気の中で教師や他の幼児と食べる喜びや楽しさを味わったり、様々な食べ物への興味や関心をもったりするなどし、進んで食べようとする気持ちが育つようにすること。

（5）基本的な生活習慣の形成に当たっては、家庭での生活経験に配慮し、幼児の自立心を育て、幼児が他の幼児とかかわりながら主体的な活動を展開する中で、生活に必要な習慣を身に付けるようにすること。

人間関係

〔他の人々と親しみ、支え合って生活するために、自立心を育て、人とかかわる力を養う。〕

1　ねらい

（1）幼稚園生活を楽しみ、自分の力で行動することの充実感を味わう。

（2）身近な人と親しみ、かかわりを深め、愛情や信頼感をもつ。

（3）社会生活における望ましい習慣や態度を身に付ける。

2　内容

（1）先生や友達と共に過ごすことの喜びを味わう。

（2）自分で考え、自分で行動する。

（3）自分でできることは自分でする。

（4）いろいろな遊びを楽しみながら物事をやり遂げようとする気持ちをもつ。

（5）友達と積極的にかかわりながら喜びや悲しみを共感

イ　人間関係

他の人々と親しみ、支え合って生活するために、自立心を育て、人と関わる力を養う。

（ア）ねらい

①保育所生活を楽しみ、自分の力で行動することの充実感を味わう。

②進んで身近な人と関わり、愛情や信頼感を持つ。

③社会生活における望ましい習慣や態度を身に付ける。

（イ）内容

①安心できる保育士との関係の下で、身近な大人や友達に関心を持ち、模倣して遊んだり、親しみを持って自ら関わろうとする。

②保育士や友達との安定した関係の中で、共に過ごすことの喜びを味わう。

③自分で考え、自分で行動する。

④自分でできることは自分でする。

し合う。

(6) 自分の思ったことを相手に伝え、相手の思っていることに気付く。

(7) 友達のよさに気付き、一緒に活動する楽しさを味わう。

(8) 友達と楽しく活動する中で、共通の目的を見いだし、工夫したり、協力したりなどする。

(9) よいことや悪いことがあることに気付き、考えながら行動する。

(10) 友達とのかかわりを深め、思いやりをもつ。

(11) 友達と楽しく生活する中できまりの大切さに気付き、守ろうとする。

(12) 共同の遊具や用具を大切にし、みんなで使う。

(13) 高齢者をはじめ地域の人々などの自分の生活に関係の深いいろいろな人に親しみをもつ。

3 内容の取扱い

上記の取扱いに当たっては、次の事項に留意する必要がある。

(1) 教師との信頼関係に支えられて自分自身の生活を確立していくことが人とかかわる基盤となることを考慮し、幼児が自ら周囲に働き掛けることにより多様な感情を体験し、試行錯誤しながら自分の力で行うことの充実感を味わうことができるよう、幼児の行動を見守りながら適切な援助を行うようにすること。

(2) 幼児の主体的な活動は、他の幼児とのかかわりの中

⑤友達と積極的に関わりながら喜びや悲しみを共感し合う。

⑥自分の思ったことを相手に伝え、相手の思っていることに気付く。

⑦友達の良さに気付き、一緒に活動する楽しさを味わう。

⑧友達と一緒に活動する中で、協力して物事をやり遂げようとする気持ちを持つ。

⑨良いことや悪いことがあることに気付き、考えながら行動する。

⑩身近な友達との関わりを深めるとともに、異年齢の友達など、様々な友達と関わり、思いやりや親しみを持つ。

⑪友達と楽しく生活する中で決まりの大切さに気付き、守ろうとする。

⑫共同の遊具や用具を大切にし、みんなで使う。

⑬高齢者をはじめ地域の人々など自分の生活に関係の深いいろいろな人に親しみを持つ。

⑭外国人など、自分とは異なる文化を持った人に親しみを持つ。

で深まり、豊かになるものであり、幼児はその中で互いに必要な存在であることを認識するようになることを踏まえ、一人一人を生かした集団を形成しながら人とかかわる力を育てていくようにすること。特に、集団の生活の中で、幼児が自己を発揮し、教師や他の幼児に認められる体験をし、自信をもって行動できるようにすること。

(3) 幼児が互いにかかわりを深め、協同して遊ぶようになるためには、自ら行動する力を育てるようにするとともに、他の幼児と試行錯誤しながら活動を展開する楽しさや共通の目的が実現する喜びを味わうことができるようにすること。

(4) 道徳性の芽生えを培うに当たっては、基本的な生活習慣の形成を図るとともに、幼児が他の幼児とのかかわりの中で他人の存在に気付き、相手を尊重する気持ちをもって行動できるようにし、また、自然や身近な動植物に親しむことなどを通して豊かな心情が育つようにすること。特に、人に対する信頼感や思いやりの気持ちは、葛藤やつまずきも体験し、それらを乗り越えることにより次第に芽生えてくることに配慮すること。

(5) 集団の生活を通して、幼児が人とかかわりを深め、規範意識の芽生えを培うことを考慮し、幼児が教師との信頼関係に支えられて自己を発揮する中で、互いに思いを主張し、折り合いをつける体験をし、きまりの必要性などに気付き、自分の気持ちを調整する力が育つように

すること。

(6) 高齢者をはじめ地域の人々などの自分の生活に関係の深いいろいろな人と触れ合い、自分の感情や意志を表現しながら共に楽しみ、共感し合う体験を通して、これらの人々などに親しみをもち、人とかかわることの楽しさや人の役に立つ喜びを味わうことができるようにすること。また、生活を通して親や祖父母などの家族の愛情に気付き、家族を大切にしようとする気持ちが育つようにすること。

環境

〔周囲の様々な環境に好奇心や探究心をもってかかわり、それらを生活に取り入れていこうとする力を養う。〕

1 ねらい

(1) 身近な環境に親しみ、自然と触れ合う中で様々な事象に興味や関心をもつ。

(2) 身近な環境に自分からかかわり、発見を楽しんだり、考えたりし、それを生活に取り入れようとする。

(3) 身近な事象を見たり、考えたり、扱ったりする中で、物の性質や数量、文字などに対する感覚を豊かにする。

2 内容

(1) 自然に触れて生活し、その大きさ、美しさ、不思議さなどに気付く。

(2) 生活の中で、様々な物に触れ、その性質や仕組みに興味や関心をもつ。

ウ 環境

周囲の様々な環境に好奇心や探究心を持って関わり、それらを生活に取り入れていこうとする力を養う。

(ア) ねらい

①身近な環境に親しみ、自然と触れ合う中で様々な事象に興味や関心を持つ。

②身近な環境に自分から関わり、発見を楽しんだり、考えたりし、それを生活に取り入れようとする。

③身近な事物を見たり、考えたり、扱ったりする中で、物の性質や数量、文字などに対する感覚を豊かにする。

(イ) 内容

①安心できる人的及び物的環境の下で、聞く、見る、触れる、嗅ぐ、味わうなどの感覚の働きを豊かにする。

②好きな玩具や遊具に興味を持って関わり、様々な遊びを楽しむ。

(3) 季節により自然や人間の生活に変化のあることに気付く。
(4) 自然などの身近な事象に関心をもち、取り入れて遊ぶ。
(5) 身近な動植物に親しみをもって接し、生命の尊さに気付き、いたわったり、大切にしたりする。
(6) 身近な物を大切にする。
(7) 身近な物や遊具に興味をもってかかわり、考えたり、試したりして工夫して遊ぶ。
(8) 日常生活の中で数量や図形などに関心をもつ。
(9) 日常生活の中で簡単な標識や文字などに関心をもつ。
(10) 生活に関係の深い情報や施設などに興味や関心をもつ。
(11) 幼稚園内外の行事において国旗に親しむ。

3　内容の取扱い

上記の取扱いに当たっては、次の事項に留意する必要がある。

(1) 幼児が、遊びの中で周囲の環境とかかわり、次第に周囲の世界に好奇心を抱き、その意味や操作の仕方に関心をもち、物事の法則性に気付き、自分なりに考えることができるようになる過程を大切にすること。特に、他の幼児の考えなどに触れ、新しい考えを生み出す喜びや楽しさを味わい、自ら考えようとする気持ちが育つようにすること。
(2) 幼児期において自然のもつ意味は大きく、自然の大

③自然に触れて生活し、その大きさ、美しさ、不思議さなどに気付く。
④生活の中で、様々な物に触れ、その性質や仕組みに興味や関心を持つ。
⑤季節により自然や人間の生活に変化のあることに気付く。
⑥自然などの身近な事象に関心を持ち、遊びや生活に取り入れようとする。
⑦身近な動植物に親しみを持ち、いたわったり、大切にしたり、作物を育てたり、味わうなどして、生命の尊さに気付く。
⑧身近な物を大切にする。
⑨身近な物や遊具に興味を持って関わり、考えたり、試したりして工夫して遊ぶ。
⑩日常生活の中で数量や図形などに関心を持つ。
⑪日常生活の中で簡単な標識や文字などに関心を持つ。
⑫近隣の生活に興味や関心を持ち、保育所内外の行事などに喜んで参加する。

きさ、美しさ、不思議さなどに直接触れる体験を通して、幼児の心が安らぎ、豊かな感情、好奇心、思考力、表現力の基礎が培われることを踏まえ、幼児が自然とのかかわりを深めることができるよう工夫すること。

(3) 身近な事象や動植物に対する感動を伝え合い、共感し合うことなどを通して自分からかかわろうとする意欲を育てるとともに、様々なかかわり方を通してそれらに対する親しみや畏敬の念、生命を大切にする気持ち、公共心、探究心などが養われるようにすること。

(4) 数量や文字などに関しては、日常生活の中で幼児自身の必要感に基づく体験を大切にし、数量や文字などに関する興味や関心、感覚が養われるようにすること。

言葉

〔経験したことや考えたことなどを自分なりの言葉で表現し、相手の話す言葉を聞こうとする意欲や態度を育て、言葉に対する感覚や言葉で表現する力を養う。〕

1 ねらい

(1) 自分の気持ちを言葉で表現する楽しさを味わう。

(2) 人の言葉や話などをよく聞き、自分の経験したことや考えたことを話し、伝え合う喜びを味わう。

(3) 日常生活に必要な言葉が分かるようになるとともに、絵本や物語などに親しみ、先生や友達と心を通わせる。

2 内容

(1) 先生や友達の言葉や話に興味や関心をもち、親しみ

エ 言葉

経験したことや考えたことなどを自分なりの言葉で表現し、相手の話す言葉を聞こうとする意欲や態度を育て、言葉に対する感覚や言葉で表現する力を養う。

(ア) ねらい

①自分の気持ちを言葉で表現する楽しさを味わう。

②人の言葉や話などをよく聞き、自分の経験したことや考えたことを話し、伝え合う喜びを味わう。

③日常生活に必要な言葉が分かるようになるとともに、絵本や物語などに親しみ、保育士や友達と心を通わせる。

(イ) 内容

①保育士の応答的な関わりや話しかけにより、自ら言葉を

をもって聞いたり、話したりする。

（2）したり、見たり、聞いたり、感じたり、考えたりなどしたことを自分なりに言葉で表現する。

（3）したいこと、してほしいことを言葉で表現したり、分からないことを尋ねたりする。

（4）人の話を注意して聞き、相手に分かるように話す。

（5）生活の中で必要な言葉が分かり、使う。

（6）親しみをもって日常のあいさつをする。

（7）生活の中で言葉の楽しさや美しさに気付く。

（8）いろいろな体験を通じてイメージや言葉を豊かにする。

（9）絵本や物語などに親しみ、興味をもって聞き、想像をする楽しさを味わう。

（10）日常生活の中で、文字などで伝える楽しさを味わう。

3　内容の取扱い

上記の取扱いに当たっては、次の事項に留意する必要がある。

（1）言葉は、身近な人に親しみをもって接し、自分の感情や意志などを伝え、それに相手が応答し、その言葉を聞くことを通して次第に獲得されていくものであることを考慮して、幼児が教師や他の幼児とかかわることにより心を動かすような体験をし、言葉を交わす喜びを味わえるようにすること。

（2）幼児が自分の思いを言葉で伝えるとともに、教師や他の幼児などの話に興味をもって注意して聞くことを通

使おうとする。

②保育士と一緒にごっこ遊びなどをする中で、言葉のやり取りを楽しむ。

③保育士や友達の言葉や話に興味や関心を持ち、親しみを持って聞いたり、話したりする。

④したこと、見たこと、聞いたこと、味わったこと、感じたこと、考えたことを自分なりに言葉で表現する。

⑤したいこと、してほしいことを言葉で表現したり、分からないことを尋ねたりする。

⑥人の話を注意して聞き、相手に分かるように話す。

⑦生活の中で必要な言葉が分かり、使う。

⑧親しみを持って日常のあいさつをする。

⑨生活の中で言葉の楽しさや美しさに気付く。

⑩いろいろな体験を通じてイメージや言葉を豊かにする。

⑪絵本や物語などに親しみ、興味を持って聞き、想像する楽しさを味わう。

⑫日常生活の中で、文字などで伝える楽しさを味わう。

して次第に話を理解するようになっていき、言葉による伝え合いができるようにすること。

（3）絵本や物語などで、その内容と自分の経験とを結び付けたり、想像を巡らせたりするなど、楽しみを十分に味わうことによって、次第に豊かなイメージをもち、言葉に対する感覚が養われるようにすること。

（4）幼児が日常生活の中で、文字などを使いながら思ったことや考えたことを伝える喜びや楽しさを味わい、文字に対する興味や関心をもつようにすること。

表現

〔感じたことや考えたことを自分なりに表現することを通して、豊かな感性や表現する力を養い、創造性を豊かにする。〕

1 ねらい

（1）いろいろなものの美しさなどに対する豊かな感性をもつ。

（2）感じたことや考えたことを自分なりに表現して楽しむ。

（3）生活の中でイメージを豊かにし、様々な表現を楽しむ。

2 内容

（1）生活の中で様々な音、色、形、手触り、動きなどに気付いたり、感じたりするなどして楽しむ。

（2）生活の中で美しいものや心を動かす出来事に触れ、イメージを豊かにする。

オ 表現

感じたことや考えたことを自分なりに表現することを通して、豊かな感性や表現する力を養い、創造性を豊かにする。

（ア）ねらい

①いろいろな物の美しさなどに対する豊かな感性を持つ。

②感じたことや考えたことを自分なりに表現して楽しむ。

③生活の中でイメージを豊かにし、様々な表現を楽しむ。

（イ）内容

①水、砂、土、紙、粘土など様々な素材に触れて楽しむ。

②保育士と一緒に歌ったり、手遊びをしたり、リズムに合わせて体を動かしたりして遊ぶ。

③生活の中で様々な音、色、形、手触り、動き、味、香りなどに気付いたり、楽しんだりする。

④生活の中で様々な出来事に触れ、イメージを豊かにす

（3）様々な出来事の中で、感動したことを伝え合う楽しさを味わう。
（4）感じたこと、考えたことなどを音や動きなどで表現したり、自由にかいたり、つくったりなどする。
（5）いろいろな素材に親しみ、工夫して遊ぶ。
（6）音楽に親しみ、歌を歌ったり、簡単なリズム楽器を使ったりなどする楽しさを味わう。
（7）かいたり、つくったりすることを楽しみ、遊びに使ったり、飾ったりなどする。
（8）自分のイメージを動きや言葉などで表現したり、演じて遊んだりするなどの楽しさを味わう。

3　内容の取扱い

上記の取扱いに当たっては、次の事項に留意する必要がある。

（1）豊かな感性は、自然などの身近な環境と十分にかかわる中で美しいもの、優れたもの、心を動かす出来事などに出会い、そこから得た感動を他の幼児や教師と共有し、様々に表現することなどを通して養われるようにすること。
（2）幼児の自己表現は素朴な形で行われることが多いので、教師はそのような表現を受容し、幼児自身の表現しようとする意欲を受け止めて、幼児が生活の中で幼児らしい様々な表現を楽しむことができるようにすること。
（3）生活経験や発達に応じ、自ら様々な表現を楽しみ、表現する意欲を十分に発揮させることができるように、

る。
⑤様々な出来事の中で、感動したことを伝え合う楽しさを味わう。
⑥感じたこと、考えたことなどを音や動きなどで表現したり、自由にかいたり、つくったりする。
⑦いろいろな素材や用具に親しみ、工夫して遊ぶ。
⑧音楽に親しみ、歌を歌ったり、簡単なリズム楽器を使ったりする楽しさを味わう。
⑨かいたり、つくったりすることを楽しみ、それを遊びに使ったり、飾ったりする。
⑩自分のイメージを動きや言葉などで表現したり、演じて遊んだりする楽しさを味わう。

遊具や用具などを整えたり、他の幼児の表現に触れられるよう配慮したりし、表現する過程を大切にして自己表現を楽しめるように工夫すること。

(1) 新要領・指針がめざす「言葉の力」とは

今回の改訂で、ひときわ関心を持たざるを得ない箇所は「言葉」の部分です。三年に及ぶ審議を経てまとめられた中央教育審議会答申『幼稚園、小学校、中学校、高等学校及び特別支援学校の学習指導要領の改善について』(二〇〇八年一月一七日)をもとに成文化された、幼小中の新しい学習指導要領は、「確かな学力」を基盤とした「生きる力」の育成が目指され、この「確かな学力」を支えるものこそが「言葉の力」であり、「あらゆる学習の基盤となる言語の能力について、国語科だけでなく、各教科で育てることを重視する」と明記しています。しかし、それをどのようにして達成するのか、その手段は必ずしも明確ではありません。

そこで、中央教育審議会答申『幼稚園、小学校、中学校、高等学校及び特別支援学校の学習指導要領の改善について』に携わった、梶田叡一(中央教育審議会教育課程部会長・兵庫教育大学学長)が、弊社発行『季刊教育法一五六号』に掲載した『新しい学習指導要領で目指す「言葉の力」』と題した文章の抜粋を紹介します。

今度の学習指導要領改訂では、「確かな学力」を基盤とした「生きる力」の育成が目指される。

この「確かな学力」を支えるものこそが「言葉の力」である。このため、単に小中学校の国語科の時間数増に留まるものでなく（傍点筆者）、全ての教科・領域での教育活動において「言葉の力」の育成を念頭に置かねばならない、とされるのである。

――中略――

【国語科の学習指導の改善の基本方針】

①　言語の教育としての立場を一層重視する。

②　国語に対する関心を高め、国語を尊重する態度を育てる。

③　実生活で生きて働き、各教科等の学習の基本ともなる国語の能力を身に付ける。

④　我が国の言語文化を享受し、継承・発展させる態度を育てる。

そして、特に、

(1)　言葉を通して的確に理解する能力（の育成）

(2)　論理的に思考し表現する能力（の育成）

(3)　互いの立場や考えを尊重して言葉で伝え合う能力（の育成）

(4)　我が国の言語文化に触れて感性や情緒をはぐくむこと

【各教科等における言語活動を支える条件としての留意点】

①　語彙を豊かにし、知識・技能を活用する学習活動を行うこと。

教科書をこのような視点にたって工夫すること。特に国語科においては、言語の果たしている役割に応じた適切な教材を取り上げること。

②　読書活動を推進すること。

小学校では日常的に読書に親しむような指導を、中学校では読書をより豊かなものにするような指導を、といった発達段階に応じた目標を明確化すること。読書習慣の確立に当たっては、家庭の役割が大きい（傍点筆者）ので、学校、家庭、地域を通じた読書活動の充実を図ること。

③　学校図書館の活用や学校における言語環境の整備をはかること。

辞書、新聞の活用や図書館の利用について指導すること、様々なマスメディアの働きを理解し、適切に利用する能力を高めること。

【各教科等でどのように言語の力の育成を図るか】

①　知的活動の基盤となる言語力

(1)　観察・実験や社会見学のレポートにおいて、視点を明確にして、観察したり見学したりした事象の差異点や共通点をとらえて記録・報告する（理科、社会等）。

(2)　比較や分類、関連付けといった考えるための技法、帰納的な考え方や演繹的な考え方などを活用して説明する（算数・理科、理科等）。

(3)　仮説を立てて観察・実験を行い、その結果を評価し、まとめて表現する（理科等）。

②　コミュニケーションや感性・情緒の基盤となる言語力

(1)　体験から感じ取ったことを言葉や歌、絵、身体などを使って表現する（音楽、図画工作、美術、体育等）。

(2) 体験活動を振り返り、そこから学んだことを記述する（生活、特別活動等）。

(3) 合唱や合奏、球技やダンスなどの集団的活動や身体表現などを通じて他者と伝え合ったり、共感したりする（音楽、体育等）。

(4) 体験したことや調べたことをまとめ、発表し合う（家庭、技術・家庭、特別活動、総合的な学習の時間等）。

(5) 討論・討議などにより、意見の異なる人を説得したり、協同的に議論して集団としての意見をまとめたりする（道徳、特別活動等）。

【今後、特に重視される言語活動】

① 大事な用語や概念、記号についてきちんと理解し使えるようになること

どの教科でも、そこでの学習を進めていく上で鍵となるような重要性を持つ用語等が存在する。これらについて、きちんとその意味するところを指導し、理解させ、覚えさせ、活用できるところまで学習させなくてはならない。これは各教科における「言葉の力」の育成のうち最も基礎的な意味を持つものである。

② 傾聴の態度と能力を育てること

じっと他の人の話に耳を傾けることは、大人でもそう容易なことでない。まして子どもの頃は、競って発言したがるか、自分の世界に閉じこもるかであって、他の子どもの言うことの中身をきちんと聞き取り、それについて自分なりに考えてみる、ということはなかなかできない。粘り強い傾聴が可能になるよう、機会をとらえて指導していかねばならないであろう。

③　相互に噛み合った話し合いの仕方を学ぶこと
多くの子どもが次々に発言する、というのが話し合いではない。他の発言をきちんと聞き取り、それに対して賛成・反対を、さらには条件付きの、あるいは部分的な賛成・反対を、自分なりの理由を付けて発言し、またそれを聞いた人がそれに対して同様な形で自分なりの発言をし、という形で進展していくものでなくてはならない。さらに望ましくは、そうした発言のキャッチボールを通じて、互いの合意できる地点を模索し、その方向に向けて話し合いを進めていけるようになってほしいものである。

④　発表あるいはプレゼンテイションの仕方を学ぶこと
口頭で、あるいはパワーポイントなどの機器を使って、他の人達に納得して貰えるよう、自分の調べた結果や自分の企画、考え方などを発表できるようにすることは、現代社会で必須の能力である。資料の準備と構成など発表の前の指導、そして発表を聞いている側の理解度や感想をフィードバックしての指導、時には途中での割り込み指導も必要となるであろう。

⑤　資料・教材の読み取りの力をつけること
文学的な意味での読み取りだけでなく、実務的な意味での読み取りができるようにならなくてはならない。つまり、読み手の受け止め方と書き手の意図の推測、という読み取りだけでなく、テキストそのものに即して、特にそこでの主要データやキーワードに留意して、的確に情報を読み取っていく、という作業が出来るようになってほしいものである。

⑥　記録・報告文（メモ・レポート等）作成の仕方を学ぶこと

記録したり報告したりすべき素材を的確にとらえて表現すること、またそこでの事実・想定・意味づけ等の吟味をすることの指導が必要である。報告文については、構成や結論づけの仕方等について、またそこで用いられる主要概念を明確にするよう指導しなければならない。理科や社会、総合的な学習の時間は、このための主要な学習の場となるであろうが、他の機会をも活用して、こうした力がついていくよう指導していくべきであろう。

【言葉（母語）の力の再確認】

以上述べてきたことは、「言葉（母語）の力」が各人の知的働きにとって基盤的な意味を持つことの再認識に基づくものである。「言葉（母語）の力」こそが、各人の認識を、思考を、判断を支えるものであり、そうした基盤の上にたって初めて言葉が相互の伝え合いの力ともなるのである。「確かな学力」が「言葉の力」を基幹とするというのは、まさにこの意味からであると言ってよい。

リンネが人間に付けた学名は「ホモ・サピエンス（知性人）」であった。人間をまさに人間たらしめているサピエンス（知性）の土台を担うものこそ「言葉（母語）の力」であると言っていいのである。「言葉の力」の持つこうした根源的意義についての理解を深めつつ、新しい学習指導要領に向けて提起されているところを受け止めていきたいものである。

（以上、『季刊教育法一五六号』より）

ゆとり教育からの転換を図ろうとしている新しい指導要領で「言葉の力」が大きく謳われた背景には、

国語のできる子どもは算数もできるという学力テストの結果や「一五歳の読解力が八位から一五位に転落、自分の意見や考えを自由に書けない、白紙解答が目立った」というＯＥＣＤ（経済協力開発機構）が実施した国際学習到達度調査（ＰＩＳＡ）が影響していると思われます。八位から一五位になったという順位に一喜一憂することはないかもしれませんが、読解力の低下は見過ごすことができません。

日本人の言葉の力は明らかに低下しています。報告書を書けないビジネスマン、いじめや暴力、殺人行為など、本来、言葉のやりとりで解決すべきことが、それができないがためにいたましい事件を起こしたりしています。

子どもの思考力・判断力・表現力を育成するという方向は間違ってはいないと思いますが、言語活動とは何なのか、それはなぜ必要なのか、そのために学校のみならず、家庭や地域はどうすればいいのかという問題提起がないことが、とても残念です。読解力・判断力・表現力、学力やコミュニケーション力を規定する〝言葉の力〟は、一朝一夕で身につくものではありません。また、学校だけで解決できる問題でもありません。家庭環境や地域社会が大きな影響を及ぼします。当然、乳幼児期からの積み重ねの結果である、という側面を見逃すこともできません。

3　〝話を聞けない〟子どもや大人が増えている

小学校一年生に二語文で話す子ども増えてきたという話を聞いてから、十数年が経ちます。

「先生、プリント！」

「先生はプリントじゃないよ。プリントがどうした。わかるように話してごらん」

先生はこの子の言いたいことはもちろんわかっているのですが、「プリントが一枚足りないので、もう一枚下さい」と言えないのです。そう言えば、その頃、「単語家族」という言葉がはやっていました。

「おい、風呂」

「おい、飯」

夫婦の会話に単語が飛び交う。当然、それが子どもに影響します。

　最近では担任がテスト用紙を配り、最初に「一番上に名前を書いてください」と指示しても、いっこうに手を動かす気配のない高学年児童が何人もいるそうです。

「先生、今なんて言ったの？」

よそ見をしているわけではありません。視線はしっかり教壇を向いています。でも、意図が伝わらないのです。

　このように、聞いているのに聞きとれない子どもが増えています。そんな状況が各地の小学校で現れています。先生は指示を板書するなど視覚に訴えるようにしているようですが、いかんともしがたい。教師の力量を問うだけでは解決しない、そういう子どもたちが増えてきているのです。

　子どもが先生の言うことをきかないので、授業が成立しない学校があります。読者の皆さんもご存知だと思いますが、小学校に入学したばかりの児童が教師の話を聞くことができず、友だちと騒いだり、教室を歩き回るなどして授業が成立しないという〝小一プロブレム〟が大きな社会問題となっています。日本人として生まれれば、放っておいても日本語を話しコミュニケーションがとれるようになると、つい数十年前までは当たり前のように思っていたかもしれません。しかし、そうではない子どもが今、いたるところで見られます。

教育困難校と言われる学校が、犯罪の低年齢化と同じように、高校→中学→小学校と低年齢化してきています。授業内容にたとえついていけなくても、わからない授業をわからないなりに我慢して聞くことは、実社会に出てからもたいへん役に立つことですが、四五分の授業時間のほとんどを、彼らをしずめるために費やしてしまうという現実は、教師自身もいかんともしがたい虚しさを感じていることでしょう。

一方、授業参観日に教室の後ろに並んでいる母親たちの私語が絶えない、注意されてもあらたまらない現実もあります。ある幼児教育団体の新人研修に招かれていた講師が、受講者の私語が絶えないので怒りだしたという話を聞きま

した。その話を聞いた時、思わず頭に浮かんだことは、話の聞けない人に先生になる資格はない、表現力の未熟な子どもたち、ただ泣くだけの赤ちゃん、彼らの言わない声を聞いてあげなければならない重責を担う人が、大人の話さえ聞けない、そんな人は先生になってはいけない、園の新人採用基準が間違っているのではないだろうか、と思いました。

皆さんもそんな光景に出くわしたことがあると思いますが、現代人はほんとうに聞くことができなくなってきました。

ずいぶん昔のことですが、記憶に残っている方も多いと思います。一九九七年に茨城県東海村にある動力炉・核燃料事業団（動燃）で火災が発生し、三七人の作業員が被爆するという日本の原子力開発史上最大の事故が発生しました。当時の総理は橋本龍太郎でした。定かな日にちはわかりませんが、その頃の朝日新聞夕刊の『窓』に「聞き分ける」と題して以下のような記事が載っていました。

耳は人間の体でもっとも受け身の器官だという。たとえば「動燃という言葉も聞きたくない」（橋本龍太郎首相）といういらだちからも、そのことがうかがえる。

どんな権力者でも、耳の性格を変えることは出来まい。ただし、身の回りの音や声にどれだけ耳を傾け、誠実に受け止めるかどうかで差が出てくる。その行為は受け身ではない。

自分のことをいえば、子どものころ病気で寝ていると、田舎の家だったので土間を通る家族の足音を聞き分けることができた。庭の渋ガキの葉にあたる雨の音や、魚の行商人と相談する母親の声に、せつないほどの実感があった。

音や声は、聞く者が身構えを解いた時、一つひとつの違いを聞き分けることが出来るのではないか。

——中略——

不幸にして、いまの世の中は身構えなければ生きていけない。通勤電車の過剰アナウンス。他人の携帯電話の呼び出し音と無遠慮な会話。車の騒音。周囲の人間たちの小言。そしてさまざまな誘惑の声——。

気になるのは、都合の悪いときに耳をふさぐ習性ばかり身について、大切な音や声まで聞き流しているのではないかということだ。


おそらく、現・福田首相は「年金・社会保険庁・後期高齢者という言葉を聞きたくない」という心境ではないだろうか。

4 機械音の弊害

ではどうして、このように話を聞けない子どもたち、大人たちが増えてきているのでしょうか。高校のあるベテラン教諭が、現在の高校生像についてこんなことを言っていました。

高校生と一度しゃべってみて下さい。映像というのはやっぱりダメです。一方的に受ける情報の世界は子どもから想像力を奪います。受け身ばかりの情報を得ていますから、実に幼稚です。自分の意思を十分に伝えることができません。単語を並べたような、これが高校生かというようなしゃべり方しかできません。言葉に対する表現力はほとんど身についていません。刺激の激しい情報の中で集中力も失っています。もっとおもしろいこと、もっとおもしろいことと、自分からおもしろいことを作ろうとしなくて、外におもしろさを求めていきますから、腰をすえ自らが仕事をしていくという集中力をも欠いています。

私たちの住んでいる現代社会は、室内でも機械音、屋外でも機械音（騒音）、ややもすると〝聞く〟〝聞き分ける〟というよりも〝聞き流す〟習性がひとりでに身についてしまうのかもしれません。生まれた時からテレビやCDなどに囲まれている幼い子どもたちにとって、その影響の大きさを大人がよほど意識しないかぎり、子どもの発達に与える影響は過大なものがあります。

一方的に流れてくる映像や音声をもっぱら受けるだけということは双方向の関係ではないから、自ら感じて行動する体験をしないということです。ただ単に〝聞かされている〟〝聞いている〟という受け身人間になってしまいます。それ故に、意欲や集中力が欠如し、学習面に影響したり、集団の中で人間関係に苦しむ人になるおそれがあるのです。

では、何故このような子どもたちが増加してきたのでしょうか？ 私は、子どもを取り巻く大人の生の音声言語の貧弱さと、それを助長する機械音があるからだ思います。その代表がテレビやビデオ、最近ではコンピューターやゲーム、携帯などです。これらの機械音に囲まれて育った子どもたちにも、また大人たちにも、聞くという訓練がされていない結果ではないかと思います。

テレビがひどいと言われだしたのは一九七〇年代からです。当時はドリフターズでした。八〇年代に入ると、集団で強いものが弱いものをいじめて笑い者にするようになりました。テレビが登場する前は、強い者とか権力者を笑いの対象にすることはよくありましたが、そうではなくなりました。そして、今ではどのチャンネルでも同じタレントが同じような番組に出演しています。そういう番組の質の面は問わなければならないことですが、子どもにとっては応答的でない音声が一方的に聞こえてくる、それ自体が問題なのです。

5 子どもたちの異変

生まれた時から映像、ハイテク機器に囲まれて育ってきた子どもたちに何か異変が起こっている、と感じたのは私だけではありません。一九七六年に『テレビに子守りをさせないで』（岩佐京子著　水曜社）という警告本が発売されました。その後、一九九八年には『サイレントベビー』（柳沢　慧著　クレスト新社）や二〇〇二年には『ゲーム脳の恐怖』（森　昭雄著　日本放送出版協会）などが次々と出版され、その時々の子育てのありように警鐘を鳴らしてきました。

ある調査によると、乳児期から一人で一回二時間以上の長時間テレビを見ていた子や、ビデオを巻き戻して何回も見ていた幼児は、心と体の発達のバランスを崩しているという結果が出ています。それを表したものが左の表です。人間よりも機械に多く接し、音と光と映像の過剰刺激をいっぱい受けた幼児

長時間視聴、繰り返し視聴が及ぼす行動特徴

【情緒】
表情が乏しい
気持ちが通わない
突然かんしゃくを起こす
【対人関係】
友だち関係が持てない
子どもが近寄ると避ける
自分の殻に閉じこもっているように見える
分かることでも、いちいち指示しないとできない
真似をして遊ぶことをしない
ゲーム（ジャンケン、トランプなど）ができない
他人の動作・体操などを真似することができない
音や声に反応しにくい
人の声や音に過度に反応する
指さしをしない
危ないことがわからない
言葉をかけても無視する
保育士や他児の遊びや歓声に振り向いたりしない
【運動性】
身のこなしがぎこちない
運動神経が鈍い
【視知覚】
視線が合わない
人や物（車や絵本）を見る時に一部分のみに目をつける
横目で見るような妙な目つきをする
こちらの指さした物に視線が定位しない
物を追う視線が動かない（追視）
【遊び・象徴機能】
遊びが限られている
積木などを何かに見立てて想像して遊ぶことができない
ごっこ遊びをしない
おもちゃで遊べない
いつも同じ仕方、順序にこだわる
【コミュニケーション】
自分から話しかけようとしない
声を出すことが少ない
話す抑揚がない
前に聞いたこと、言われたことを独り言のように言う
例えば、ジュースが欲しい時に「ジュースあげる」と言う
「だれ」「いつ」「どこ」などの質問に答えられない
場面にふさわしくないことを言う
言葉やジェスチャーの理解が悪い
オウム返しで言う
助詞・接続詞などを使わなかったり、間違ったりする
言葉で指示しても、従わない

『げ・ん・き五三号』（一九九九年四月）をもとに筆者作成

は、集団場面で人間と人間のコミュニケーションに大切な、感情や言葉を受けとる〝受信〟と感情や言葉を発する〝発信〟が乏しくなっています。

乳児が五感からの刺激をしっかりと受信できるようになるためには、ゆっくりしたリズムの心地よさがあってはじめて可能になります。過剰な機械音や次々に発せられる光刺激は、決して心地よいものではありません。そういう応答的でない一方通行の強い刺激を受け続けると、やがてその刺激を遮るようになります。「ノー」と言う代わりに無視しはじめるのです。目を開けていても見ていない、聞こえていても聴いていない。つまり、人間としての意思や注意を働かせにくくなってしまうのです。それが、今問題となっている〝小一プロブレム〟の一因だと思います。

また、アメリカ小児学会は一九九九年に、日本では二〇〇四年に、日本小児科医会「子どもとメディア対策委員会」と日本小児科学会「こどもの生活環境改善委員会」左図の助言を発表しています。

1999年　アメリカ小児学会

【親に対しての助言】

①　番組は注意深く選択する。
②　メディアに接する時間は1～2時間にする。
③　子ども部屋にはメディア機器を置かないようにする。
④　メディアを子守りがわりに使用しない。
⑤　2歳未満の子どもについては、テレビへの接触は避けるようにする。

【小児科医に対して】

①　親たちに、メディアに代わる健康な活動（一緒に遊ぶ、本を読んでやる）に関して助言。
②　メディア漬けの子どもに対しては、攻撃的行動、不安や恐怖、睡眠障害があるか否かをチェック。

【メディア関係機関やゲーム、テレビ番組に対して】

①　武器を持つことを美化しない。
②　問題解決方法として、暴力を正当化しない。
③　番組から暴力シーンを排除する。
④　人間やその他の生き物を標的にしない。
⑤　暴力的なテレビゲームは、年齢制限を設ける。遊技場所も制限する。

2004年　日本小児科医会「子どもとメディア対策委員会」

【親に対しての助言】

①　2歳までのテレビ視聴は控えましょう。
②　授乳中、食事中のテレビ、ビデオの視聴はやめましょう。
③　全てのメディアへの接触時間を制限することが重要（1日2時間まで、テレビゲームは1日30分まで)。
④　子ども部屋にはテレビ、ビデオ、パソコンは置かないようにしましょう。
⑤　保護者と子どもでメディアを上手に利用するルールを作りましょう。

2004年　日本小児科学会「こどもの生活環境改善委員会」

【親と社会への助言】

①　2歳以下の子どもには、テレビ、ビデオを長時間見せないようにしましょう。内容や見方に関わらず、長時間視聴児は言語発達が遅れる危険性がある。
②　テレビは付けっぱなしにせず、見たら消しましょう。
③　乳幼児にテレビ、ビデオを一人で見せないようにしましょう。見せる時は親も一緒に歌ったり、子どもの問いかけに応えることが大切。
④　授乳中や食事中はテレビを付けないようにしましょう。
⑤　乳幼児にもテレビの適切な使い方を身に付けさせましょう。見終わったら消すこと。ビデオは続けて反復視聴しないこと。
⑥　子ども部屋にはテレビ、ビデオを置かないようにしましょう。

6 ハイテク時代の歪んだ子育て

私自身、テレビやビデオ、そしてテレビゲームやコンピューターが子どもの成長・発達に影響を与えているということで、幾度となく『げ・ん・き』の特集や連載で警告を発してきました。

しかし、当時の保育現場の反応を振り返ってみると、その特集や連載に共感を示してくれた保育者と、そんなことはない、これからはIT時代だから幼いうちから慣れさせることが大事だとわざわざコンピューターを買い揃えた園があったり、両極に分かれていました。今でも保育室にテレビやビデオデッキを置き、子どもが喜ぶからと、どうでもいいアニメビデオを揃えている園があります。また、延長保育に入ったとたんに、子どもを一部屋に集め、テレビやビデオを見せている園があります。何をかいわんやです。

誤解を招かないために繰り返しますが、これまでも幼児教育の現場には、保育室にテレビを置かない、ビデオに頼らない保育をつらぬき、家庭に向かっては、子どもの成長・発達とハイテク機器との関係、テレビ・ビデオとの上手な付き合い方を指導していた園がたくさんありました。今もあります。しかし一方で、それに全く無頓着な園もあった、今もあるという事実を言っているのです。

世の中がおかしくなる前には、必ずその兆候が現れるものです。それを危うい兆候として見抜けるか否かで、その後の社会のありようが大きく変わってきます。子どもの成長・発達にかかわる仕事をしている私たちは、世の中の流れを敏感に感じとる感性を持たなければなりません。後から「あれはまずかった」と反省しても遅すぎるのです。子どもは青年・大人になってしまいます。残念ながら、文明は後戻りできません。この二〇～三〇年間が、子育てにおいて「失われた二〇～三〇年」とならないことを祈るばかりです。

（社）日本PTA全国協議会が、二〇〇七年度の『子どもとメディアに関する意識調査』の結果を公表しました。調査は小学五年生と中学二年生のそれぞれと、その保護者を対象にしています。それによると今の子どもたちの間に「携帯依存症」が広がっている実態が浮き彫りになっています。詳細についてはPTA全国協議会のホームページで公開していますのでそれをご覧いただきたいと思いますが、確実に豊かで便利な社会の歪みが子どもに押し寄せてきています。

以前私は、テレビ視聴についてのアンケートをとったことがあります。一般的に、テレビ視聴に関する調査のほとんどは小中学生がいる家庭を対象としています。そこで私は、幼稚園・保育園に通っている子どもがいる家庭で、その子どもに小学生以上の兄姉がいない家庭を対象にしました。その理由は、兄姉がいると視聴傾向が兄姉に左右される、乳幼児期の子どもの生活は親の生活態度を反映しやすい、と判断したからです。東京都内・都下・兵庫県・栃木県の幼稚園・保育園に協力いただきました。

その中におもしろいデータがあります。「あなたのご家庭では平日テレビ視聴時間はどのくらいですか？　父親（　）分、母親（　）分、子ども（　）分」という問いの集計結果が次頁の図です。（社）日本PTA全国協議会のデータと比較してみると、子どもの視聴時間は親の視聴時間と相関関係にあることがよく分かります。親がテレビとどう付き合っているかが、子どもの視聴時間を規定しているのです。

また、

① テレビ視聴時間は家にいる時間の長さと相関しており、外遊びを通しての社会体験や人間関係づくりが充分に行われていない。

② テレビには多くの時間を費やしている子どもは、家事への参加（お手伝い）は極めて少ない。

③ 家庭内の会話が少ない。

という結果も得られています。

山口県の小児科医・柳沢慧先生が、笑わない、泣かない、目を合わさない、赤ちゃんらしさがない一歳前後の赤ちゃんを

【平日の父親・母親・子どものテレビ視聴時間】

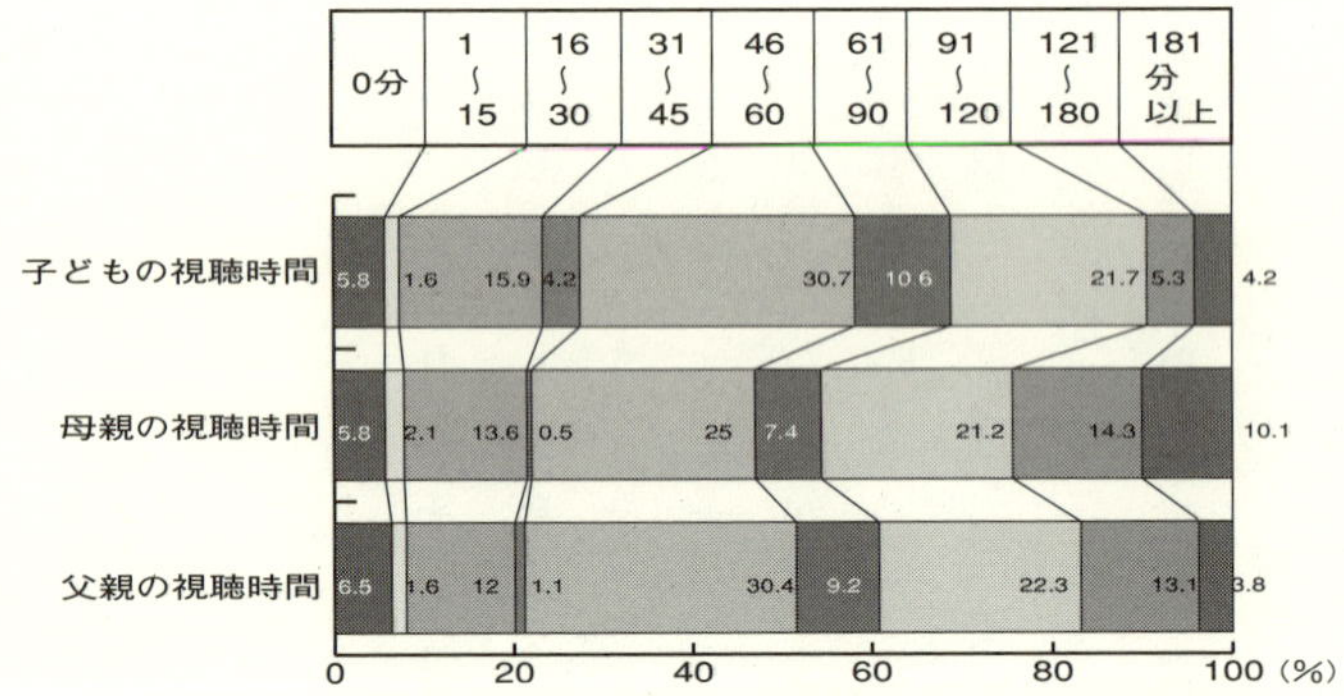

「げ・ん・き」編集部調査
（就学前　一九九六年一〇月）

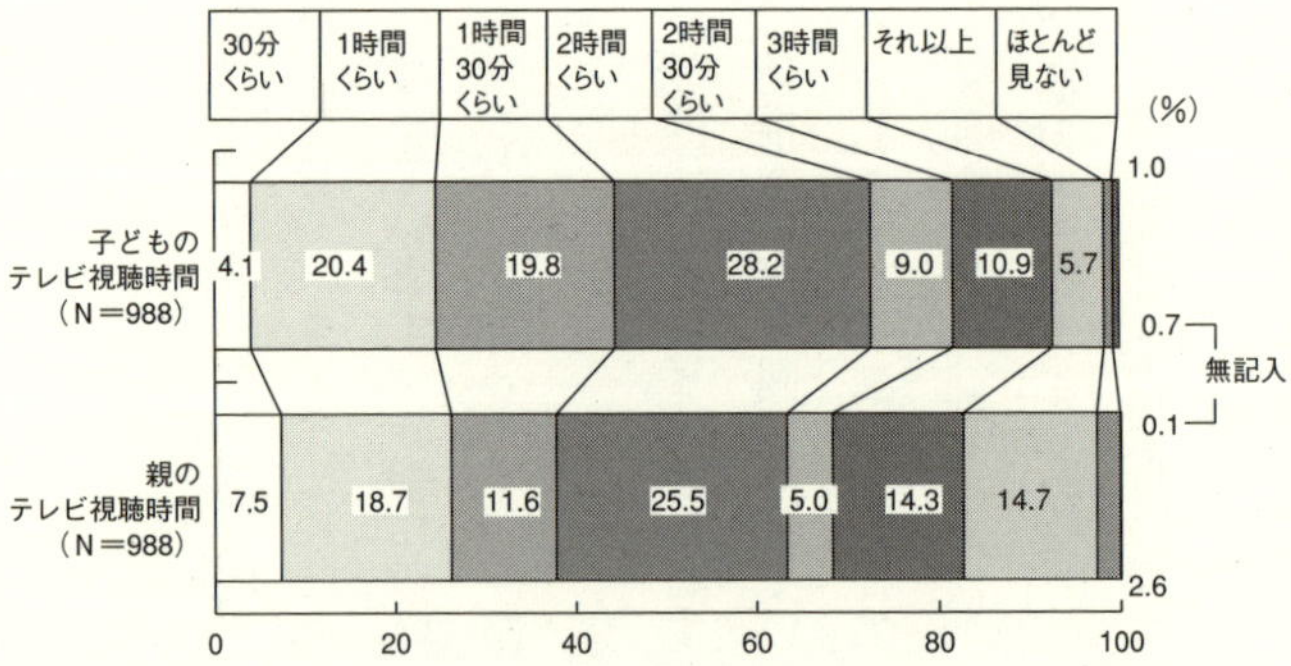

（社）日本PTA全国協議会調査
（小中学生　一九九五年八月）

生は著書の中で、

「サイレントベビー」と名付けてから十数年が経ちました。そして、川崎医科大学小児科の片岡直樹先

昔は、自閉症は二千～五千人に一人、注意欠陥多動性障害（二〇年以上前までは微細脳損傷といわれた）は千～二千人に一人でしたが、今は自閉症あるいは自閉症類似は一〇〇～二〇〇人に一人、注意欠陥多動性障害あるいはその類似は一〇～二〇人に一人。「新しいタイプの言葉遅れ」のうち対人関係が育っていない最も重い言葉の遅れの子どもたちは、そのほとんどが自閉症と同じ症状を呈し、テレビ・ビデオ・テレビゲームなどにはまっています。

赤ちゃんのころ、親が積極的に関わらず（傍点筆者）、一人遊びにならされてしまった子どもや、生まれて間もなく絵カードやフラッシュカードをずっと見せられた子どもなど「新しいタイプの言葉遅れ」の子どもたちが自閉症児と異なるのは唯一、早く見つかると話し言葉が育って回復するという点である。

テレビっ子の生後三～四カ月児は、まさにサイレントベビーだが、テレビを消すと一～二週間で表情豊かな赤ちゃんに生まれかわる。生まれて一年間、応答的環境の中でうまく育っていても、その後テレビ・ビデオ視聴に一日七～八時間はまると、半年後にはまた言葉を失い、サイレントベビーになることがしばしばある。そして、乳幼児向けのどんなにいいテレビやビデオを見せても、過剰な見せすぎは、会話、言語理解、対人関係ともに遅れてしまい、テレビ・ビデオ視聴による言葉遅れは自閉症類似、注意欠陥多動性障害類似とする。

と言っています。

ある脳科学の専門家は、「脳は五感から膨大な情報を得ているが、映像やインターネットは視覚中心。仮想世界に慣れた子どもは現実での情報取得に影響が出やすい。メールでいつも外部とつながっているせいか、考えを自分の中で成熟させられない人が増えている」と言っています。また、故・河合隼雄先生は、「子どもの心をダメにしたかったら、お金をたくさんあげなさい。豪華なゲームを買ってあげなさい」とおっしゃっていました。

7 音声言語と生身の人間関係を大切に

新しい学習指導要領のポイントは、「確かな学力」を基盤とした「生きる力」の育成と、「確かな学力」を支える「言葉の力」である、ということは前述しました。たしかに「聞く」「話す」「読む」「書く」という言語能力は、人間関係、コミュニケーションを支える中核であり、学力を根底から支える基盤です。小学校六年生と中学校三年生対象とした学力テストでも、読書と学力に相関関係があることが証明されています。そのために多くの学校では「朝の一〇分間読書」を実践し確実な成果をあげてきています。また、文部科学省は多大な予算を組み学校図書館の充実を図ろうとしていますが、地方自治体の中にはその予算を他に流用しているところがあると言います。残念でなりません。

こういう書き方をすると、子どもに学力を身に付けさせていくためには、小さい時から子どもに、ためになる本を読ませなければと思う方がいるかもしれません。しかし、そうではありません。

どんな時代であろうが、どんな社会であろうが、どんな民族であろうが、人には年齢相応の発達課題があります。そして、この世に誕生して、乳幼児期を経て、学校に入ってから、社会人になってからそれぞれに学ぶことが、真の力になるために必要な基礎工事の一つが〝言葉の力〟です。

言葉には外言語と内言語があります。前者は周りの人とコミュニケーションするための道具です。後者は考えること、つまり思考能力を根底から支えるもので、豊かな外言語なしに豊かな内言語は存在しえません。乳幼児期からの豊かな言葉の働きかけが豊かな感性を育むといっても過言ではありません。

〝言葉の力〟とは、対象が目の前になくても、また見えなくても、言葉の力によってイメージし、言葉によってそれを共有する力です。とりわけ、他人の話をしっかりと聞きとり、イメージを描き、話の流れをつかんで、それを理解する力は、学習するのに重要な基礎的な力です。

よく、就学前までに必要なレディネス（学習が成立する条件または準備）は、

①　人の話を聞くことができる。
②　人に話をすることができる。
③　人に自分の考えを伝えることができる。

と言われますが、②③の前提になるものは①です。①を育む環境を作ることが、子どもと関わる大人の大きな責任の一つです。

日本人のコミュニケーションのとり方が下手になったのは、一九七〇年代後半からと言われています。

コミュニケーションというのは言葉の発信と対応です。聞く・話すという力が未熟であれば、当然コミュニケーションも未熟になります。電車の中でカセットを聞く人が増え、友人と話をしたり、新聞や本を読む人が減り、現在はそれが携帯やパソコンになりました。生身のコミュニケーションのとり方がわからない人たちが社会を支配するようになりました。

遺伝学者の中村桂子氏は、「大量消費時代で欲望を膨らませた人々が、メディアにあおられて、科学に実利的で過大な期待を抱くようになってきた。その結果、科学が技術に吸収され、すべては〝役に立つ〟かどうかで評価されるようになっている」と警告を発しています。これは子育てや教育にもあてはまります。

幼い子どもたちが大人になった時、どんな社会になっているでしょう。いつの時代でも、どんな社会になっても、今、教育界で叫ばれていることは重要なことばかりです。それを前提で支えるものの一つが〝言葉の力〟〝聞く力〟だと言いたいのです。

ところで、小学校の新しい学習指導要領では、国語科の指導順位を〝話し→聞き→書き→読む〟としています。なぜ、この順位にしたのかについては、文部科学省にはそれなりの理由があるのかもしれません。これに対し、肥田美代子氏（文字・活字文化推進機構理事長）は、二〇〇八年三月一二日、読売新聞『論点』で、

「国語教育の基本は読み書きにある。〝読み→書き→聞き→話す〟へと順番を変える必要がある。

指導計画では読書教育を大目標に掲げることを強く望みたい。読書は娯楽や趣味の範囲を超えて、精神的な豊かさの中に人生をおくことである。読書で言葉を覚えれば、聞く力も話しあう力も生まれよう」

と述べていました。

こういう考え方に皆さんはどんな感想をお持ちになるでしょうか。確かに、全国二万五〇〇〇校の小・中・高で、九五〇万人の児童生徒が「朝の一〇分間読書」に取り組み、授業が楽しくなった、情緒が安定してきた、暴力やいじめがなくなった、など大きな成果があがっています。それ自体はとても喜ばしいことで、それを否定する気は毛頭ありませんが、就学前の乳幼児には、読む→書くという〝文字言語〞よりも、聞く→話すという〝音声言語〞、それも機械音ではない人間の生の声が絶対に必要です。そういう訓練が生活の中でされていないから、前述のような聞いているようだけれど聞いていないという子どもたちが増えているのです。

言葉とは、「ある意味を表すために、口で言ったり、字に

書いたりするもの。情報伝達手段となりうる意味があるものの総称。心・気持ち・考え等を表す手段の一つ」で、話す、聞くという〝音声言語〟と文字を媒体とする〝文字言語〟の二つに分類できますが、〝音声言語〟には音の響きとリズム、そして息づかいがあります。でも〝文字言語〟にはそれらはありません。しかし、〝音声言語〟は語られるはしから消え去っていきます。〝文字言語〟は情報を記録し、時代や空間を超えて情報や思想を残してくれます。

現代社会においては〝音声言語〟も〝文字言語〟も必要欠くべからざるもので、双方が機能を互いに補いあっています。音声だけで成り立つ言語はたくさんあります。文字のみで成り立つ言語はありません。〝文字言語〟は〝音声言語〟を前提としてつくられてきた、という歴史的事実をみてみると、とくに成長・発達の途上にある幼い子どもたちにとっては、〝文字言語〟より身近かな大人が語りかける豊かな〝音声言語〟が大切である、ということは容易に推測できます。

また、言語はコミュニケーションのための記号で、狭い

意味では言葉そのものです。広い意味では身ぶり手ぶりも含まれます。「ボディランゲージ」。「目は口ほどに物を言う」という諺がありますが、口に出して言わなくても、情を込めた目つきや表情は相手の心をとらえます。就学前の子どもたちに環境として大人が大切にしなければならないことは、双方向の豊かな音声言語、豊かな話し言葉と豊かな表情ではないでしょうか。

新しい幼稚園教育要領の言葉の内容（10）、新しい保育所保育指針の言葉の内容⑫には、「日常生活の中で、文字などで伝える楽しさを味わう」があります。要領や指針に関わった方々は、「文字教育をやりなさい」とはおそらく考えてはいないでしょう。しかし、この部分は読みようによっては「率先して文字を教えましょう」と解釈されかねません。要注意だと思います。

小学校の今の学習指導要領にも新しい学習指導要領にも、「情報通信ネットワークなどの情報手段に慣れ親しむ」と謳われています。しかし、その実態は〝慣れ親しむ〟を通り越して〝はまってしまっている〟状況です。そして、多くの大人たちがネット社会での子どものコンピューター操作についていけず、管理不能、放任状態に陥っているのではないでしょうか。かつて子どもにテレビのチャンネル権を奪われたのと同じ状況が、ネット社会の家庭で起こっているのかもしれません。

人間というものは、生身の人間関係の中で勢いもつくし、それゆえに悩みもします。幼い子どもたちは勢いのつく時期です。それが成長であり発達です。テレビやビデオをはじめとするハイテク機器に接すれば接するほど生身の人間関係は奪われてしまいます。

いま子どもたちに必要なものは、生の人間関係の量なのです。友だちと一緒に戸外で走ったり、登ったり、投げたり、こねたり――、そして室内で、折り紙をしたり、お話を聴いたり、ゲームをしたり、唄ったりして楽しむ――、生の人間関係の質よりも量が必要なのです。

そして、「ノーテレビデイ」。とてもいいことです。この運動が「ノーコンピューターデイ」や「ノーゲームデイ」に発展し、ハイテク社会の便利な機器との上手な付き合い方ができれば、と願ってやみません。まずは「ノーテレビデイ」から始めてみてはいかがでしょう。園は毎日が「ノーテレビデイ」、それは当たり前。そして、家庭では一家団欒の時、手遊びをしたり、わらべうたを唄ったり、懐かしい「五目並べ」や将棋の「山崩し」でもいいでしょう。または、「ロバゲーム」やメモリー遊びの道具を揃え、一家で楽しい一時を過ごすだけで、今までにない喜びと感動を覚えることでしょう。

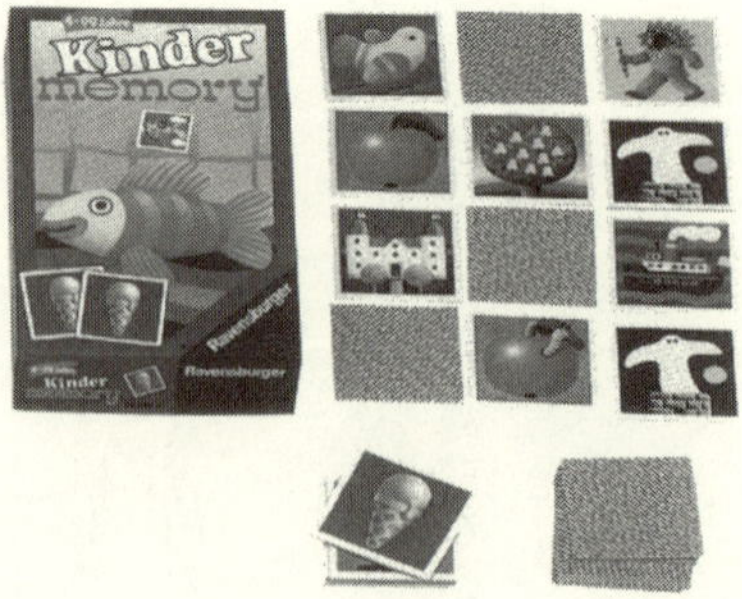

第二章　歪みつづける子どもの育ち

1

兆候は二〇年前からあった

園と家庭を結ぶ保育誌『げ・ん・き』を創刊したのは、一九八七（昭和六二）年八月です。その中でお母さんがたの我が子の成長にかけた期待・願望と子どもたちの現実の姿とのギャップについて故・遠藤豊吉先生は以下のように記しています。少々長めですがお付き合い下さい。

小学校に入る前の、まだ幼い子どもを持つお母さんがたに、私はよく「あなたは、お子さんがどんな子に育ってほしいと思っていますか?」と聞いてみることがあります。お母さんがたは、たいてい次のように答えてくれます。

①明るくのびのびした子。

②成績など多少よくなくてもいいから、人をいたわる優しい心を持った子。

③そのだいじな優しい心を養うにしても、それは孤立したひとりぼっちの状態からは生まれないのだから、いい集団をつくり、その集団のなかで人間の心というものをわかっていく、そんな生活ができる子。

④こちんと小さくまとまらない子。多少ワクからはみ出してもよいから、自分から手足・体を積極的に動かして、元気のいい、活気に満ちた生活ができる子。

⑤自分がやらなければならないと思ったことは、本気になって挑んでいき、ちょっとくらいの

困難にぶつかってもくじけずに、おしまいまでやりとおす、強い意思と行動力を持った子。

⑥まわりのものごとに好奇心をはたらかせ、「なぜだろう?」「どうしてかしら?」と、いつも目をキラキラと輝かせている子。

⑦ものごとを落ち着いて考える思慮深い子。

⑧ものごとを考えるときには、ウジウジとひねくれた考え方をせず、まっすぐに考える素直な子。

⑨自分のわがままを抑えることができる我慢心の強い子。

⑩自分の心のなかを、体・言葉を自由に使って思うようにあらわすことができる表現力の豊かな子。

⑪命をだいじにする子。そして、その命というものは、自分だけが持っているのではなく、まわりの人々すべてが持っているのだから、お互いにその命をだいじにし合う、そんな世界を子どもなりにつくっていこうとする子。

お母さんがたは、いろいろな言いかたで、わが子の成長にたいして抱く期待・願望を語ってくれるのですが、それを私流にまとめてみますと、だいたいこの十一項目になります。これはおそらく、おなかを痛めて生んだ子を、ほんとうに人間らしい人間に育てようと思うときに、心の深層から発せられる、親としてのまぎれもない本音でありましょう。

では、お母さんがたの、わが子の成長にかけたこの期待・願望にたいして、子どもたちの現実の姿はどうなっているのでしょうか。その現実の姿を知りたくて、私は幼児教育の現場（幼稚園・保育園）で働く先生がたに、「幼い子どもたちの生活面で、今とくに気になってしかたがないことはないでしょうか」と聞いてみます。先生がたは口々に、気になってたまらない子どもたちの姿を語りだします。先生がたの話をまとめますと、おおよそ次のようになります。

1　生活の形や幅がとても小さく狭くなり、ぽつんと一人遊びをして過ごす子が多くなった。

2　喜怒哀楽を子どもらしくあざやかにあらわす子がたいへん減ってきている。

3　この年齢ならこの程度のことができて当たり前という、生活の基本的な技術が崩れてきている。

4　目がイキイキと輝かず、何をやってもすぐに「疲れた」「ぼく、もうダメ」と言う子が多くなった。

5　絶えず失敗を気にして、大きな行動ができない子が目立つようになった。

6　食生活に活気が見られない子が増えてきている。

保育者としての生活が長い先生がたは、時代の移り変わりに対応しながら変貌をたどって今日に至った子どもたちの歴史を具体的によくとらえておりますから、聞いていて「なるほど」とうなずくところが多くあります。「やはり、世の中の仕組みや動きが子どもたちの意識を変え、生活の形を変えるのですね」という言葉。「世の中の仕組みや動きの変化に伴って、まず親の生活意識が変わりました。具体的な生活の場で直接子どもの生活意識に影響を与えるのは親ですから、子どもたちが見せる生活現象の変化は、親たちの生活意識の反映なのだろうと思います」という言葉。年配の先生がたの言葉にいちいちうなずきながら、私は「それにしても――」と深く考え込んでしまうのです。お母さんがたの子どもの成長にかけた期待・願望と、子どもたちの現実の姿の間に、どうしてこんなに大きなズレが生じてしまったのだろうか？と。

そこで、私はもう少し具体的なことが知りたくて、幼児と一緒に毎日を過ごしていらっしゃる先生がたに、「しかし、お母さんがたのお子さんにかけた期待・願望は、とてもおおらかで明るいのですけれども――」と言って、先ほどあげた十一項目のイメージを提示するのです。先生がたは一つ一つに深くうなずきます。そして、こうおっしゃるのです。

「子どもを人間として育てたいと思う親なら、それは当然の本音でしょう。しかし、今はその本音が心の片隅に押しやられてしまっているように見えてなりません。心の大部分は、もう一つのホンネによって占められているのではないでしょうか」

「そのもう一つのホンネというのは何でしょうか？」

「親に手数をかけない子になってほしいということ。つまり、親に手数をかけない子が〝よい子〟なのだ、という考えで子どもを思うように支配したがっているということです。この延長線上におかれた〝よい子像〟は親に手間ひまかけさせずに勉強ができるようになる子、親の都合に合うように動いてくれる〝スナオな子〟です。こんな見方はヨメのやることになんでもかんでも目くじらを立てたがる、心の狭いシュウトメのような見方でしょうか」

こう言われると、私にも思い当たることがたくさん浮かび上がってくるのです。そして、「お父さん、いったい何をしているの。楽屋で鼻唄うたっている時じゃありませんよ」と、声をかけたくなるのです。

――中略――

経済の高度成長が開始された一九六〇年代から、その展開期の七〇年代にかけて男（夫）は仕事に専念、「子どもの教育はママに任せたよ」という風潮が一般化しました。そして、その風潮は現在にまで尾を引いております。経済の高度成長政策は、たしかに家庭に経済的な豊かさをもたらしましたけれども、皮肉なことに家庭や子どもの生活の内実をたいへん貧困なものにしました。その原因の一つとして、子育て・教育という人間にとってきわめて重要な営みから、男（夫）が「仕事第一」を理由に手を引いてしまったことをあげることができます。

夫と妻がそれぞれ、外で働く者・内で働く者と、その役割を分け持つのはいい。また、家庭生活のさまざまな面で、これは夫の役割、これは妻の役割と分業するのもいいでしょう。しかし、こと子育てに関しては、その分担・分業が「子どもにとって何が重要か」という一点でしっかり統一されなければならないと私は思うのです。

（『げ・ん・き』創刊号より　一九八七年八月）

二十一年前の文章を読み、皆さんはどういう感想をお持ちになったでしょうか。その頃から子どもの成長・発達にすでに歪みが生じはじめていたことを垣間見ることができます。

そして、二十一世紀に入った今、幼児教育界では新たな〝気になる子〟が目立ち始めています。

① 目と目が合わない子

② おんぶされたり、抱っこされたりすることをいやがる、極端に触れられることを嫌う子

③　噛みついたり、ぶつかったりする暴力的な人間関係の距離感がつかめない、コミュニケーションの下手な子
④　多動な子
⑤　言葉の遅れや表情の乏しい子
⑥　「ごっこ遊び」の中でお父さん役やお母さん役になりたがる子どもの減少。ペット役になりたがる子
⑦　幼稚園入園時に、オムツのとれていない子の増加。また、それを不思議に思わない親の増加などです。

さらに最近では「小一プロブレム」が大きな問題となってきています。新一年生は入学後一ヶ月は仮のクラス、正式には五月にクラス編成をする小学校が出てきました。表立った理由は、ゆっくり慣れさせながら、個性などを把握ということですが、私が思うにはそうせざるを得ない理由があるからです。それは、

①　先生の話をじっと聞いていられない。
②　授業中に教室の外に出てしまう。
③　チャイム通りに席に戻れない。

など、そういう子どもたちが増加してきたからです。

次頁の図は二〇〇二年に板橋区教育委員会が行った調査です。読者の皆さんはこれを見てどういう感

想をお持ちになるでしょうか。

学校というのは集団生活を営む所であるはずなのに、それができない子どもたちが増えています。「レディネス」の伴っていない子どもたちが増えているということです。レディネスとは、教育学でいう学習が成立する条件または準備ということですが、昨今の子どもたちの問題は、レディネスが未形成のまま小学校へ入学するという発達上のことに行き着くのです。

この調査から六年が経過していますが、実態は確実に悪化しています。この調査から五年後の二〇〇七年九月一五日、朝日新聞に『学校だけの問題ではない』という社説が載っていました。その中身は、「子どもが減り続けているのに暴力事件が増えている。特に目立つのが小学校で、荒れた小学生は中学校でさらにひどくなるおそれがある。学校だけでなく家庭との連携が必要。親の責任は重い」という文部科学省の調査を紹介したものでした。これは、筆者がこれまで繰り返し声をあげてきたことばかりですが、それ

板橋区教育委員会調査

最近増えたと思う小学校１年生の問題		
①	わがままを言う	80.9％
②	攻撃的な言葉を言う	75.8％
③	すぐに殴る、蹴るなどをする	68.4％
④	すぐにパニックになる	66.5％
⑤	他人の品物を勝手に使う	60.9％
⑥	やりたくないと動かない	60.5％
⑦	気持ちが通じない	54.0％
その原因は何にありますか		
①	家庭のしつけができていない	89.3％
②	何でも自由という社会風潮	68.8％

2002年、板橋区教育委員会（区内200名の１～２年生の先生に調査

を、いわゆる大新聞が社説として取りあげたということ自体、ことは相当に深刻であることを物語っています。

2　なぜ、子どもが育ちにくくなったか？

ところで、私たちが育ってきた時代はどんな時代だったのでしょうか。それを私流に整理したものが次頁の表です。私なりの考え方は後ほど述べますが、まずはじっくりご覧いただきたいと思います。

表をご覧になり、どのようにお感じになったでしょうか。

外食産業や中食《なかしょく》産業が流行りだしたのはいつ頃からでしょうか。食の乱れは外食、中食、加工食品の増加が原因と言われていますが、そうした手軽さを求めたのは私たち消費者自身でした。表のデータが示す通り冷凍食品・即席麺・ベビーフード業界の成長は目を見張るものがあります。その結果、親から子へ、子から孫へと生活の知恵という家庭内伝承が途切れました。行き着いたところが「食育基本法」です。新しい保育指針では「食育の推進」が謳われていますが、どこか空しさを感じるのは私だけではないでしょう。本来、家庭でやらなければならないことまで国家が口を出してくる。そして今、世界規模の食料不足が問題になっています。日本は食料自給率が三九％と先進国で一番低いと騒ぎはじめました。「衣食足りて礼節を知る」。お金があっても食べるものが無くなったら、食べ物を生産できなくなっ

冷食は１人当たり消費量（kg）、即席麺は１人当たり消費量（食）、ベビーフードは供給量計（トン）

西暦	元号	冷食	即席麺	ベビーフード	虐待数	その他
1958	33		0.1			テレビ100万台突破。フラフープ大流行。即席麺登場。
1959	34		0.8			現テレビ朝日、フジテレビ放送開始。
1960	35		1.6			所得倍増計画。三種の神器。母親大会高校全入を討議。
1961	36		5.8			岩戸景気の終焉。ベルリンの壁建設。全国一斉学力テスト実施。
1962	37		10.5			首相の諮問機関「人づくり懇談会」発足
1963	38		20.8	1～2,000		吉展ちゃん事件。幼稚園と保育所の関連について文厚両局長通達。
1964	39		22.6	〃		東海道新幹線開業。東京オリンピック。幼稚園入園申込徹夜組。
1965	40		25.4	〃		戦後初の「赤字国債」発行が閣議で決定。
1966	41		30.3	〃		日本の総人口一億人突破。厚生省「カギっこ対策」発表。丙午。
1967	42		30.9	〃		公害対策基本法公布。東京都「０歳児対策」のりだす。
1968	43	0.8	32.6	〃		霞が関ビル完成。三億円強奪事件発生。大学紛争激化。
1969	44	1.2	32.9	〃		永山則夫連続射殺事件。厚生省「乳児対策の強化」について通知。
1970	45	1.4	33.9	〃		ベビーホテル大もて。
1971	46	1.8	34.0	〃		第二次ベビーブーム
1972	47	2.4	34.7	〃		
1973	48	3.2	35.2	〃		第一次オイルショック。子捨て・子殺し相つぐ（コインロッカー）。
1974	49	3.5	35.7	2,000		テレビゲーム登場。青少年犯罪増加。社教審「乳幼児期における家庭教育の振興方策について」答申。
1975	50	3.4	36.0	3,500		企業倒産史上最高。学力論争「受験戦争」
1976	51	4.1	34.9	4,950		世田谷区、保父正式採用。
1977	52	4.5	35.6	6,000		文部省調査、塾通い小中学生５人に１人。
1978	53	4.9	35.0	4,950		
1979	54	5.5	36.4	4,800		第二次オイルショック。共通一次試験実施。
1980	55	6.0	34.9	4,810		神奈川金属バット両親殺害事件。警視庁校内暴力前年比41％増と発表）。「大阪レポート」調査開始。
1981	56		34.7	4,800		厚生省延長保育案発表。社教審「青少年の徳性と社会教育」答申。
1982	57	6.4	36.3	4,810		
1983	58	6.8	35.3	5,050		ファミコン登場。中教審報告「幼児教育、親の養育態度がおかしくなった」
1984	59	7.1	35.2	4,900		「戦後教育の総決算」を掲げる臨時教育審議会設置。
1985	60	7.6	37.2	4,800		芦屋市幼児誘拐事件が発生。『スーパーマリオブラザーズ』発売。
1986	61	7.9	37.8	4,750		中野いじめ自殺（葬式ごっこ）。
1987	62	8.5	36.9	4,900		バブル経済

1988	63	9.0	36.9	4,900		ファミコンソフト次々と発売
1989	元年	9.7 10.2	37.3	4,800		宮崎勤逮捕。女子高生コンクリート詰め殺人事件発覚。子どもの権利条約採択。生活科新設。
1990	2	10.8	36.8	5,000	1,101	神戸の校門圧死事件。新しい幼稚園園教育要領と保育所保育指針施行。小・中・高で日の丸・君が代義務化。
1991	3	12.0	37.9	6,500	1,171	湾岸戦争。『大阪レポート』出版。
1992	4	12.9	38.7	6,000	1,372	バブル経済崩壊。育児休業法施行。学力論争「新学力観をめぐって」。
1993	5	13.6	39.4	6,000	1,611	山形マット死事件。文部事務次官通知「中学校の業者テスト禁止、偏差値に依存した進路指導禁止」
1994	6	14.6	40.0	7,500	1,961	愛知、福島、愛媛、静岡、福岡、奈良、大阪でいじめ連鎖自殺が発生しいじめが再び社会問題化する。エンジェルプラン。
1995	7	15.2	41.0	8,600	2,722	阪神・淡路大震災。地下鉄サリン事件。米販売原則自由化。沖縄米兵少女暴行事件。
1996	8	16.1	42.0	9,000	4,102	橋本龍太郎内閣発足。堺市でO157発生。厚相薬害エイズで謝罪。
1997	9	17.4	41.0	10,500	5,352	ポケモンショック。神戸連続児童殺傷事件。拓銀・山一破綻。京都議定書採択。介護保険法公布。
1998	10	18.1	40.4	11,800	6,932	金融ビッグバンスタート。小渕内閣発足。PKO法施行。栃木女子教師刺殺事件。毒入りカレー事件。『サイレントベビー』発売
1999	11	18.5	41.3	12,000	11,631	周辺事態法成立。男女共同参画社会基本法成立。組織犯罪対策三法成立。東海村臨界事故。光市母子殺人事件。桶川ストーカー殺人事件。新エンジェルプラン発表（雇用と教育等の充実追加）。
2000	12	18.7	40.5	16,500	17,725	「小渕恵三首相の肝入り」の教育改革国民会議設置。新しい幼稚園園教育要領と保育所保育指針施行。西鉄バスジャック事件。世田谷一家殺害事件発生。
2001	13	19.2	40.9	21,000	23,274	中央省庁再編。小泉内閣発足。米同時多発テロ発生。大阪教育大附属池田小児童殺傷事件。
2002	14	18.8	41.4	22,500	23,738	雪印牛肉偽装事件。ゆとり教育スタート。住基ネット開始。少子化対策プラスワン（男性を含めた働き方の見直し）
2003	15	18.8	42.7	24,000	26,569	イラク戦争開戦。個人情報保護法成立。有事関連三法成立。福岡一家４人殺害事件。長崎男児誘拐殺人事件。ファミコン発売20年。鳥インフルエンザ
2004	16	20.0	42.8	23,000	33,408	感染発生。学力論争「分数が出来ない大学生」。
2005	17	20.5	42.4	26,000	34,472	佐世保小６女児同級生殺害事件。イラク派遣開始。子ども子育て応援プラン（若者の自立を追加）。
2006	18	21.1	41.3	24,000	37,323	京都議定書発効。ＪＲ福知山線脱線事故。郵政民営化関連法案成立。耐震偽装事件発覚。
2007	19	20.9	41.6		40,618	安倍晋三内閣発足。教育再生会議設置。奈良県田原本町で医師宅が全焼３名死亡。高校１長男を逮捕。

（社）日本冷凍食品協会・（社）日本即席食品工業会・日本ベビーフード協会のホームページ、及び政府発行白書より作成。

たらどうするのでしょうか。食料を消費することで「食育の推進」をするのではなく、ささやかな量であっても食料を生産、野菜の栽培を通して「食育の推進」をする子育てであってほしいと思います。
また、二〇〇七年度の幼児虐待の件数が、厚生労働省から発表されました。年間四万件を超えました。その数字は一日当たり百件強の虐待があるということを意味しています。虐待には世代間連鎖があるなど言われていますが、まさに負の連鎖です。これらのことを解決するためにどんな美辞麗句、いかなる政策をうちたてようとも、私たち大人自身が豊かな文明社会に浸りきった自らのエゴを反省し、子育ては大変なこともあるけれど楽しいという感性を身につけなければ改善できないかもしれません。人間の成長・発達の特徴のひとつに、「生きていくために役立つものから先に身につけていく」ということがあります。その機会を自ら奪っているのが現代社会かもしれません。確かに、物質的に豊かで手間のかからない便利な社会になりましたが、その分だけ失ったものも大きな時代だったのではないでしょうか。

さて私は、子どもが育ちにくくなった背景には、（1）直線的思考の論理、（2）子育ての分断、親子関係の分断、（3）プロセスの消去、（4）伝承の分断、があるのではないかと思います。

（1）直線的思考の論理

一九六〇年代以前の日本の産業は、農林漁業という自然を相手とする〝循環的思考の論理〟にもとづく第一次産業が中心でした。ところが工業やサービス産業が主たる産業になるにつれ〝直線的思考の論理〟が幅をきかせてきました。とりわけ、今世紀に入り、規制緩和、自由競争、自己責任、成果主義など「市場原理主義」の名のもとで社会全般にわたり不均衡が生じてきました。

この〝直線的思考の論理〟のキーワードは「合理的」と「効率的」で、この論理をいかそうとすると全てが準備となり、全てを競争原理で追い立てます。そして、その背後には頑張って努力すれば報われるという考え方があります。確かに、頑張って努力すれば報われることはたくさんあります。頑張って努力することを否定するわけではありませんが、この世には頑張って努力しても報われないことだってあるのです。例えば、手塩にかけて一生懸命お米や野菜を育てていても、台風をはじめとする天災が一夜にして努力を無にすることがある。人生というものは努力すれば報われることもある、努力しても報われないこともある、運不運があるということも事実です。

しかし、この産業構造の変化は、短い時間で性能のいい商品を大量に、効率的に合理的かつ無駄なく作ることを求めています。この〝直線的思考の論理〟が子育てや保育・教育の世界に持ち込まれたことが問題なのです。

子どもが生まれる→いい保育園いい幼稚園へ→いい小学校へ→いい中学校へ→いい高校へ→いい大学へ→いい大企業へ、と先へ先へと追い立て、幼稚園は小学校の準備、小学校は中学校の準備、という具合に絶えず準備準備で追い立てられています。知的早期教育業者をはじめとする業界は儲けるために、早ければ早いほどいいと煽りそそのかし、子を持つ親を不安に陥れています。子どもが年齢相応の発達課題を獲得するための、その年齢にふさわしい生活を保障するどころか発達不全を起こしているといっても過言ではありません。

早期教育が危惧される理由は、次のとおりです。

① 基本的信頼感や自律心などの心の発達が損なわれる危険性がある。
② 目先の成果のみが強調され、子どもの思春期を見通すなど長期的な検討がされていない。
③ 幼児期までの知的記憶は、親の期待と裏腹に忘れてしまうことが多い。

こんな現象も見うけられます。子どもが生まれると親が教え→保育園・幼稚園で教えられ→小学校で教えられ→中学校で教えられ→高校で教えられ→大学で教えられ、また、親は教えられなくなるとやがて外注化してしまいます。直接体験のなかで「不思議だなー」「どうしてだろう」という感性や「知りたいなー」という好奇心を呼び起こすいとまがありません。やがて身体のみが大きくなり、「小一プロブレム」をはじめさまざまな社会的問題を引き起こしていっているように思えてなりません。

レイチェル・カーソンは『センス・オブ・ワンダー』のなかで、

子どもにとっても親にとっても〝感じる〟ということは〝知る〟ということよりもずっと大切です。もろもろの事実が将来、智恵や知識を生みだす種子だとすれば、情緒や感性は種子を育む土壌です。幼児期はこの土壌をつくる時です。美しさや未知なるものへの感動・思いやり・愛情・哀れみといった感覚がひとたび呼びおこされれば、子どもはその対象となるものについて知識を求めるようになるはずです。こうした知識欲求は長続きします。消化する能力がまだ備わっていない子どもに知識を鵜のみにさせるよりも、むしろ子どもが知りたがるようになる道を切り開いてやることの方が、はるかに大切ではないでしょうか。

と、述べています。

知性と感性は別のものではないということです。知るということは、単に物知り博士になることではありません。感動とともに知らなければ身につかないということです。

(2) 子育ての分断、親子関係の分断

私たちは敗戦後の教育で〝自己主張〟〝自己実現〟の大切さを学んできました。これは決して悪いことではないのですが、結果として〝私〟が肥大化し、子育てにおいては自分の子どものみにガンバリズムが働き、社会的我が子観が薄くなってきました。

また、「あなた作る人　私食べる人」にも似た、子どもをあずける側の意識とあずかる側の意識が分断し、権利を主張する人は増えたが義務とか感謝という感性が薄れてきました。思い起こせば、私が

『げ・ん・き』を創刊した一九八七（昭和六二）年頃、親御さんたちは月謝はもちろん払っていましたが、「先生、いつもうちの子どもがお世話になりありがとうございます」と、当然のごとくほとんどの人が口にしていました。ところが、最近は「月謝を払っているんだから○○をして下さい。しつけもして下さい」などと要求ばかりが強くなってきています。月謝すら払わずに平然としている保護者の姿も目立つようになりました。ほんとうに人間の心に変化が生じてきました。悲しくなってしまいます。

　現代人は自分の所為にするという自罰的傾向より、人の所為にするという他罰的傾向が強くなってきました。例えば、幼い子どもをもつ親が公園デビューしたとします。そして、その公園で親同士が話し込み、ちょっと目を離したすきに子どもが公園のわきを流れる小川に落ちて亡くなったとします。そのお母さんはその時は「話し込まないで、目を離さなければよかったのに」と後悔し、親として自分が悪かったと自罰的になります。しかし、時が経つにつれ、「あの公園の管理責任者は誰だ。安全配慮義務違反があるの

ではないか。公園設置上の瑕疵があるのではないか」というようになります。そういう心移りが悪いといっているのではありません。現代人にはみなそういう傾向が強いということです。

その他に、こんな例もあります。

①　朝一〇頃園に子どもを連れてくる親。しかも、朝食を食べさせずに。

②　偽装離婚。「私たち別れました」と言った翌日に別れたはずのお父さんがお迎えにくる。これは保育料免除や生活保護目当て。形式的離婚と事実婚の使いわけです。

一般の方々は驚くかもしれませんが、②の例は確実に増加しています。全国どこに行って関係者に訊ねてみても「いる」と答えます。行政は見て見ぬふりをしているように思います。まさに、各種の〝偽装〟や社会保険庁の〝年金問題〟のように——。

ちなみに、これはずいぶん前に聞いたある高校の指導部の先生の話です。

　最近、弁当を持ってこない生徒が増加している。また、朝食抜きの生徒も増加してきた。食が満たされない→イライラがつのる→無気力・学習意欲の欠如。こういう生徒たちに限って、社会的に好ましからざることをやってしまう。

この先生は指導部の先生でありながらも、生徒を処分しないという立場を貫いている珍しい先生です。それは、このような生徒の行動は、生徒個人の問題というより、家庭のありよう、社会のありようが深く関係している、と思っているからです。高校生にもなれば朝食抜きだと腹がへって仕方ないだろう。それに我慢できずに、空腹を満たすためについ万引きなどを行ってしまうと。

先生は家庭訪問などをして、親御さんにお願いしているそうです。「学校のことは私に任せて下さい。でも、お願いだから三度三度の食事はキチンと与えて下さい」と。

さらに、先生は私に言いました。

食という個人的な生活レベルの問題は根が深いです。高校生にもなると好みが変わらないのと同じように、食生活もなかなか変わりません。親も今まで続けてきた食生活を変えようとしない。やはり、幼児期から、幼い子どもを持ったその時からの生活が大切です。

各地の幼稚園や保育園を訪問し、先生方にうかがってみると、朝食抜きで登園する子どもがかなりいると言います。そういう子どもは九時半〜一〇時くらいになると、調理室の前をウロウロしています。幼児期はウロウロぐらいですむのですが、青少年期になるとウロウロではすみません。もっと凄いことをやらかすかもしれません。やはり、この問題は園や学校というよりも、家庭の問題です。余談ですが、朝食抜きの保育者が最近増えてきているとか。何をかいわんやです。

(3) プロセスの消去

豊かで便利な社会生活、ローテクからハイテクへ、お金さえあれば何でも手に入る社会になるとともに、家族同士や他人様を当てにしなくても生活できるようになりました。それはそれでいいことですが、その分だけ、

① 生活の実態が消え、
② 家庭内に物語が生まれにくくなり、
③ 子どもの側からするとモデルがなく、心や生活するうえでの必要なスキルを身につける機会が減り、
④ 人の顔が浮かばない、

社会生活が営まれるようになりました。

私は「人の顔が浮かばずして、思いやりや感謝、そして物を大切にする心は育つはずがない」と常々思っています。これは一九九一(平成三)年のある幼稚園での出来事です。

今日は楽しい遠足、お手々つないで目的地まで歩いていると、C君が突然道路の反対側に駆けていきました。それは、お昼に食べるお弁当を道端のチェーンの弁当屋に買いに行ったという、嘘のようなほんとうの話です。そのC君の行動に付き添いの先生はびっくりしたものの、お昼時のC君の行動は、お母さんの手作り弁当を持ってきた子どもたちとは明らかに異なっていた、と話してくれました。

C君はイヤな人参はポイ、満腹になるやいなや残りをポイとゴミ箱に捨てたそうです。他の子どもたちは、食べきれなくても何とか食べようと努力したり、結果としては腐るかもしれませんが家に持って

帰ろうとしたり、「先生アーン」と言って、先生に食べてもらおうとしたそうです。

このC君の心を察すると心痛みます。親の食に対する考え方が子どもの心に如実に投影しています。その違いは、お母さんの顔が浮かんだかどうかです。C君の弁当はお母さんの顔が映る鏡ではなかった、他の子どもたちのお弁当はお母さんの顔が映る鏡だった、ということです。

我が子には心豊かになってほしい、物を大切にする子になってほしいと願うけれど、日常のあらゆる生活場面において、親（人）の顔が浮かばずに子どもの心が育つはずがありません。現代の子どもたちは、「満腹感はあるけれど満足感がない」。大人の手の掛け方ひとつで子どもは全く異なった行動をするという教訓です。

毎年、ある養成校の学生さんたちのキャンプに参加しています。私が百姓好き、料理好きだからよけいにそう思うのかもしれませんが、包丁の持ち方、野菜の切り方、料理の仕方など日常生活上のスキルが年々確実に低下してきています。そして、それはある意味で二極化しています。「料理なんてしたことありません」と平気で言う学生と、私が見ているだけでも上手いと思う学生。思わず親の顔が浮かびます。家庭での日常生活の光景が浮かびます。当然、後者の方が少ないのですが、数年後には親になっても不思議ではない世代の学生たちのスキルのなさ、知恵のなさ、知識のなさには、親になったら苦労するだろうな――育児不安に陥るだろうな――プロセスの消去が日常生活の至るところで影響を及ぼしはじめています。

（4）伝承の分断

伝承には、社会伝承（ムラの仕組みや家族・親族に関わる）、生活伝承（衣食住、習俗など）、信仰伝承、文化伝承などがありますが、子育てに関する伝承は、わらべうたや子守唄、昔話という口承文芸が途切れたことの影響は大きいです。また、生活の知恵が途切れたことが現代の子育てに影響を及ぼし、それが感性や発想、価値観などに世代間ギャップが生じ、若者は伝承ものは古いと感じ、子育てにも流行がもてはやされ、何が正しいかという視点が抜け落ちてきました。

人類の永い歴史において伝承が続いてきたという事実は、それを証明することはなかなか難しいことですが、それなりの理由があったはずです。そうでなければ永きにわたり続いてきたはずはありません。ヒトという種を動物学・生物学的にみてみると、三〇〇～五〇〇万年という進化の歴史の中で、今という時代は一瞬でしかありません。社会構造が急激に変わったからといって進化の歴史の中で組み込まれたヒトの遺伝子が急激に変わることはないはずです。

3 子育てはどこへゆくのか？

（1）人間までマニュアル化していく

ある園を訪ねた時のことです。園長先生と本の話になり、カリキュラム書のことに話が及びました。その園長は、

私は市販のカリキュラム書は職員には買わせませんし、園にも揃えません。仮に職員が園に持ってきた時は没収します。家でこっそり読むことは、私には見えませんので構いませんが、見えるところでは一切ご法度です。

――中略――

ああいう本を読むと、子どもの見方までマニュアル的、ハウツー的になってきます。口では偉そうな言葉を羅列しても、保育者としての子どもの見方が歪んできます。それは結果として、保育者のマニュアル人間化→保育者の資質の低下→保育の歪み→子どもが歪む。

とおっしゃっていました。

没収することがいいことかどうかは別にして、まさに至言です。やはり、保育者もマニュアル的ハウ

ツー的環境で育てば、必ずそういう保育者になるはずです。子どもに与える本に気を使わなければならないのと同じように、保育者の本選びに注意をはらっていただきたいものです。いい本かどうかを見抜く確かな目を持ってほしいものです。

これはある団体の研修時のことです。講師の先生がいろんなケースを紹介しながら、ある時は専門的に、ある時は笑いをまぜ、子どもの表出する問題行動に対し、今すぐに手立てが必要なのか、いや待つべきなのかを講演しました。後ろで拝聴した私は、ある時はなるほどとうなずき、ある時はそうだろうか？と疑問を持ちつつも大変勉強になりました。

そして、質問に移ると、

問①　先生の今日のお話は大変勉強になりました。ところで、質問があります。私の園には○○する子どもがいます。このような子どもに今、手立てをした方がよいかどうかを教えて下さい。また、手立てが必要ならばどんな手立てをしたらいいかも教えて下さい。

講師　その子どもを見ていませんので、何とも言えません。その子どものおかれた家庭環境を含め、見てからでないと何とも言えませんが、もし、△△の手立てをしても○○をしたら、もう少し待ってみてはいかがでしょうか。

問②　先生のお話は大変参考になりましたが、どのような問題行動をする子どもにはどんな手立てが必要か、類型化できれば大変ありがたいと思うのですが――。

講師　子どもは一人一人みな違いますから類型化はできません。また、類型化できたとしても思うようにはいきません。子どもの表出する行動は同じように見えても、その手立ては同じでよい場合もあるし、異なる場合もあります。

私が今日話したことは、みなさんのヒントになることはあっても答になることはないと思って下さい。保育はその日その日が勝負です。子どもをどう見るかという確かな目を持っていただきたい。毎日が勉強です。毎日が試されているのです。そのために答を求めるよりも、今おかれている現状を正しく見抜く、分析する力が要求されます。

このように、マニュアル的ハウツー的に答を求めようとする傾向が非常に強いです。世の中全体が機械化され、マニュアル化・ハウツー化されてきました。私たちものによってはその恩恵を受けていることは事実ですが、マニュアル化・ハウツー化してはいけないことがいっぱいありま

す。とりわけ、人に係わる保育者や教師はそのことを心してほしいと思います。

さらに、ある園長はカリキュラムについて次のように話していました。


カリキュラムでも文字の背後にある裏の本質につながっていることを読める保育者はいいけれど、目先のハウツーを知りたい、当面のハウツーは何かばかりを追いかけている保育者があまりにも多すぎます。そういう保育者は、カリキュラムがあったら場合によっては却って害になることがあります。しかし、そういうカリキュラムが何もなかったらより怖いです。その裏がわかる保育者だったらいいけれど、とにかくカリキュラムをあまり細かく計画することは怖いことです。

例えば、明日は○○時より△△の全体会があるので、○○時になったらホールに集まりましょう、ということがあったとします。その時「たぶんできると思いますが、明日の子どもの遊ぶ様子を見てみないと予定の時間にホールに入れるかどうかわからない」と言う保育者と、「ハイ、○○時ですね、その時になったら中へ連れて行きます」と言う保育者にわかれます。後者の保育者がこと細かなカリキュラムを立てた時には、子どもは地獄です。前者の保育者がほんとうに細かな計画を立てた時には、自分自身を見直す作業になると思います。

また、何もなしでいい加減にやっていたら見落とすことがあるから、保育計画を立てることは大切です。ただ、同じことを書いても、書くことがいい人と、書くことによって駄目になる人もいます。むしろ、書くことによって駄目になる人の方が多いのではないでしょうか。それは書いた通りに子どもにやらせたいと思ってしまうからです。

毎日の保育や園行事の後に、子どもの姿はどうだったか、保育者の関わりのここがよかった、ここはまずかった、ここで子どもがどう活動したか、子どもの主体性はどうだったか、子どもは楽しそうだったかなど、その後の反省が大切です。それがまた次の保育につながります。反省する時には、子どもがどうだったかということも大切ですが、保育者がどうだったかということも保育者自身は問わなければなりません。

（2）お金に子守りをさせる親

世の中が経済的に豊かになると、ある意味で子育ても贅沢になります。現代社会の大きな問題点の一つは、豊かさ感覚が経済、お金の尺度になってしまったことです。これは決して好ましいことではありませんが、昨今の社会問題・政治問題にあまりにもお金にまつわることが多すぎます。子どもはこういう問題はわからないだろうと大人たちは思っているかもしれませんが、子どもは子どもなりに、情報化社会のなかで確実に情報を得ています。園や学校ではお金のことについてはあまり教えませんが、テレビなどは手とり足とり、一歩家を出て街中を歩けばキラキラのショーウインドーが、子どもの想像力を刺激しながら、お金を使うように使うようにと教えてくれます。

「お小遣いをちょうだい」と子どもが言うのは、現在の消費社会、大人社会のありようを見聞きした結果だから、何も不思議なことではありません。しかし、お金にまつわる社会関係や金銭感覚が子どもにあるかというと、残念ながらありません。お金にまつわることは、ある種の物欲だから、社会生活を営んでいる以上、誰からも教わらなくても社会のありようのなかで自然と身についていきます。しかし、子育てや教育（保育）で大切なことは、人間のもっている物欲をいかにコントロールするかということが含まれているのです。お金さえあれば何でも欲しいものが入手できる現代社会においては、お金だけではどうしようもないものがあるということもキチッと教えなければならないのです。

こんな事例があります。

A君とB君のお母さんは日頃より親しく付き合っていました。親同士が親しくしているということもあり、A君とB君はよく一緒に遊んでいました。A君は一人っ子のうえカギっ子、B君は家にお母さんと幼い妹がいつもいました。A君もB君も外遊びが好きで、学校から帰ると暗くなるまで遊びまわっていました。

ある時、B君のお母さんがA君のお母さんに、

「いつもいつも、うちの子がA君にお菓子をいただいているようで、有り難うございます」

とお礼を言いました。すると、A君のお母さんは怪訝そう

な顔をして
「えっ！そんなことうちの子はしていませんよ」
「でも、いつもBがそう言ってますよ」
「変なこと言わないで下さい。うちは学校から帰ってきたらおやつを食べられるように、チャンと用意してからパートに出ています。お小遣いもたくさんはあげていません」
と、その場の雰囲気が何かおかしくなってきました。

最終的に確認できたことは、やはりA君はB君によくおごってあげていたということでした。A君は寂しさのあまりか、友だちが欲しかった。友だち関係を維持するためにお金を使っていたということでした。

また、そのお金の出所が普通の家でもありがちなことかもしれませんが、一円、五円、一〇円というつり銭をインスタントコーヒーの空き瓶に無造作に入れていたからでした。A君はその小銭をこっそり手にしてB君を誘いコンビニに行っていたということでした。

この事件が発覚以来、親同士、子ども同士の人間関係もギクシャクしました。

このように、お金には不思議な力があります。「金の切れ目が縁の切れ目」と昔から言われるように、その使い方を誤ると人間関係までおかしくなってきます。子を持つ親はどんなに小さなお金でも無造作に管理しない。そして、その使い方をキチッと指導しなければならないという教訓です。

以前、新聞紙上で報道されましたが、大学生の相当数がカード破産をしていると言われています。大人とみなされる大学生すらこのザマです。この大学生の親たちは、我が子をいい大学に入れようと、お金を使い塾にも通わせたことでしょう。しかし、生きていくために大切な金銭感覚やその使い方は何も教えていなかった。大人でも子どもでも、その金銭感覚や使い方は自分自身育った家庭環境と密接に関係しています。

(3) 遊びの喪失

日本の教育は、学力至上主義の進行とともに少子化が進み、経済論理が優先されるなかで親の価値観までが変化してきました。そして、子どもの遊び場が減少し、子ども同士の人間的付き合いが減少してきました。登校拒否などの相談にのっているカウンセラーの先生の話をうかがうと、子どもが育ちにくくなっている一つの原因として「人間関係・対人関係のもろさ」をあげています。この人間関係を育む場は遊びです。子ども同士が異年齢で性差なく、大人の管理がなく、たっぷりと遊び込むなかで、子どもは健全に育つのです。子どもの遊びには、喧嘩もあるし、競争もあります。そして悔しさ、悲しみ、思いやり、手加減などさまざまなものが含まれています。

子ども同士の遊びを観察するとわかりますが、それぞれの子どもたちにそれぞれの思惑があり、それぞれに自分の立場や位置を考えて、自己主張をしたりひかえたり、対抗馬になったりしています。しかも、子ども集団の中には、どこかリーダーシップのありそうな子どももいれば、その子どもに媚を売るような子どももいるのです。

そして、子どもたちが遊ぼうとする時には、異なる個性や性格・持ち味の子どもたちが、子ども同士でルールを作り、そのルールを守れない幼い子どもや不自由な子どもたちがいると、特定の例外規定を設けます。私たちは子どもの頃、三角ベースをやる時には「○○ちゃんは三振なしよ」と言ったものです。

このように時間と空間という同じ遊び環境を共有しながら、一人ひとりの子どもたちは、他人と自分との違いや他者との力関係をはかりながら人間関係の力をつけていくのです。そして、子どもは遊びのなかで子どもなりにその役割に応じた責任を果たし、遊びの緊張に比例して、遊びの感動も大きくなるのです。

佐々木正美先生（精神科医）は、「今の子どもたちは人間関係の質を問う前に、人間関係の量が足らない」とおっしゃっていますが、今の子どもたちに必要なことは、時間と空間と仲間であり、子ども同士で充分に遊び込むことにより、喜び、楽しみ、悲しみ、悔しさ、そして競いあうなかで切磋琢磨し、感動を感じるような共感的感情を育てなければなりません。多くの親たちは、我が子に頑張れる子、思いやりのある子になってほしいと願いますが、このような心はある日突然に育つものではありません。

乳幼児期からのプロセスのなかで、子ども同士の遊びのなかで、かけっこをすれば一番になろうと競争はしますが、一緒に共感できる仲間と競争しあって楽しいという喜びを子どもたちが感じられるように育てなければならないのです。このような感性を子どもたちが感じにくくなっている原因の一つに遊びの喪失があるのです。

(4) 競争主義・学歴主義の果てに

定職に就けない〝フリーター〟や、仕事もしない、学校にもいかない、トレーニングもしない〝ニート〟〝ネットカフェ難民〟が新たな社会問題となっています。何不自由なく生きていける文明社会にあって、彼らの多くは、生い立ちの過程において「何のために働くのか、何のために勉強をするのか、何のためにトレーニングをつまなければならないのか」という大人との対話、及び大人の指導力不足、そして、行き過ぎた競争原理がその根っこにあるのではないかと思います。

さらに、多くの企業は、大学のブランドはすでに崩壊しているとみています。現に、ある統計ではひと月に一冊も本を読んでいない大学生が半数を占め、一部の大学では、高校や中学で学んだはずの基礎教育をやり直しています。それは、本を読む力もないし、その習慣もない、好奇心がない、学ぶ意欲が身についていないことを意味しています。

また、多くの大学の先生方は、「答のわかっている問題を解くのは上手だが、わからないテーマにとりくもうとする学生がほとんどいなくなった」と嘆いています。そういえば、本屋の店先には、子ども向けの答を丸暗記すればいい虎の巻が出回っていますし、先生向けの虎の巻もあります。子育てからビジネスにいたるまで、何から何までマニュアル化して、途中経過や試行錯誤は時間の無駄、合理的といえば合理的、味気ないといえば味気ない、変な世の中になってきました。

戦後の教育の流れには、経済界の要請に応えるためにエリートを育てる必要があるという根っこがあり、教育の中身のレベルは上げることはあっても落とすわけにはいかないというのが、その実態でした。日本独特の学歴社会のシステムは、受験戦争の激化をもたらし、その結果、大学の序列化をうみ、その序列化が高等学校・中学校の序列化をもたらし、昨今では幼児教育界をも巻き込んで熾烈な戦いが始まっています。

先生方は、今の子どもたちは異常だ、あんなにしてまで塾に通うことはないのに、子どもたちの生活にもっとゆとりがあれば、子どもたちはのびのび育つのに、ということを知っていながら、そのジレンマに苦しんでいます。

一方、親たちは周囲の状況や教育を取り巻く状況、そして、その良し悪しは別にして学歴社会の状況が見えるから、親として焦ってしまい、そういう方向に子どもを持っていかざるをえなくなっています。その一番の犠牲者は子どもです。よほど優れた技能や才能を持っている子どもは別にしても、この日本的な学歴社会のシステムの中では、独創的な発想などを認めるという雰囲気ではありません。みんなから外れて生きることは大変難しいことです。

学歴主義・受験競争が激化するとともに、子どもを評価する尺度が偏差値という学力オンリーになりすぎました。一人ひとりの子どもが学力以外に持っているものが認められにくくなり、その能力も伸ばされにくくなっています。世の中には、お百姓さんや大工さん、運転手さんも要るのです。みな東大では困るのです。子どもの持つ性格や特徴、そして技能など学力以外のよさを認めなければなりません。今こそ、色んな生き方を見つける教育のあり方を探すべきです。生きる能力とは、学力とは別の次元の問題もあると考えるべきではないでしょうか。

ある先生は、自分が勤務する学校を「底辺校」と呼び、

底辺校にいると、人間的に曲がってしまいます。学力が低いというだけで、全人格を否定されているという風潮が世の中にあります。高校生ともなれば、それなりの考え方を持っています。しかし、学力の面だけで自分たちが色分けされ、差別されるということを、子どもたちが一番よく知っています。日本は繁栄のなかで大事なものを見失って、みな同じ方向にだけ流れています。個性は大事だというものの確実に画一化が進んでいます。

昔の親たちは無学でしたが、生きることにかけては立派でした。思いやりはあったし、自分が生きる方向を知っていました。そして子育てもちゃんとやっていました。これは学問以外に大事なものがあるのだという証明です。でも、そういうものをみな忘れてしまったのではないでしょうか。

私みたいに底辺校にいると、学力社会の壁はすごいです。生きるうえで大事なものは何か、学力とか知識が人間の生き方にどれくらい大切なものかは、もっと調べてみる必要があります。

そしてさらに、

今の親たちは学校のことや子どものことを知らなすぎます。教師の側からすれば、国公立大学には学力的に無理なのに、絶対にうちの子どもは国公立だと主張する親がいます。

このように、子どもの学力を知らずして世間体か

見栄か何だかわからないけれど、子どものことを知らない親の子育てを受けた子どもの人格はゆがんでいます。もっと、親自身が学力以外のことで、子どものよさを見つけ、それを活かす努力をしてほしい。

と言っていました。

4 それぞれの年齢にふさわしい生活体験を

子どもが加害者となる事件が増加している中で、多くの人々は彼らの育ちに問題があるのではないかと感じていながら、それを声高に叫んではいないような気がします。二〇〇四年に起きた佐世保市の小学校六年生が起こした事件に対して、長崎家庭裁判所は女児を支援施設に送致するにあたり、「情緒的な働きかけが十分でなく、問題性を見過ごしてきた、女児への目配りは十分でなかった」と遅ればせながらも両親の育て方に厳しい注文をつけました。

いつの時代でも、子どもたちはよりよい「生」への充実感を求めて何かを夢みています。その根源的な子どもたちの夢に、大人たちはどう応えればいいのでしょうか。教育・保育・子育ての最終目標は、「生きる教育」です。大人は、子どもたちの自立（自律）を口にするけれど、子どもたちはほんとうに自立（自律）しているでしょうか？ 子どもの自立を急ぐあまりに、子どもが大人に依存するという〝無償の愛〟を充分に提供しているでしょうか？ はたして、そういう大人自身が自立（自律）しているでしょうか？

立て続けに起こる政財界の不祥事や各種の偽装問題。確実にモラルハザードが起こっています。こういう大人社会の醜い部分を解決せずに、子ども云々の議論をする資格はあるのでしょうか。

よく保育研修や親の話を聞くにつけ気になることがあります。それは「子どものために」という台詞です。子どものためになることをするなとは言いませんが、「子どものために」というほどに、子どもに関わっている大人は自立しているでしょうか？ 確かに、子どもや老人・障害者など社会的に立場の弱い方には、強い立場の人が手を差し延べる必要はあるでしょう。しかし、「〇〇のために」という言い方には何か胡散臭い感じがします。我々が普通何気なく使っている「大人」とか「子育て」という言葉の裏には、「自立（自律）した大人である」ことが前提になっているはずです。しかし、まわりを見渡してみると、あまりにも自立（自律）できていない大人が多いと思いませんか？

また、保育界や教育界には「子どもが見える」という言い方があります。しかし「子どもが見える」ということは、子どもだけをジーッと見ていても見えるものではありません。「子どもが見える」とは、子どもの立場になる、子どもの目の高さで見るということはもとより、地域を見る、社会を見る、世界を見る、歴史を見る——という姿勢がなければなかなか見えるものではありません。

今という社会はどんな社会なのか、どんな歴史的流れがあるのか、世の中の流れに乗り遅れてもいけない、流されてもいけない、何が正しいかを自分なりに見つめることが大切だと思います。そして、今の社会が子どもたちにとって、いかに生きにくい社会であるか、いかに大人になりにくい社会であるか、一人ひとりの大人が考えてみる必要があります。

勉強の面でも、心の面でも、子どもの成長・発達には身体の成長と同じように順序があります。にもかかわらず大人たちは、先へ先へと先取りするがごとく追い立てています。子どものなかには、このような育てられ方をされても、大人の意図するままに育つ子どももいます。しかし、それに息苦しさを感じる子どももいます。子どもたちが全員が落ちこぼれたり、問題行動を起こしてくれれば、大人たちは今の社会の問題点に気づいてくれるのですが、なかには大人の言う通りに真っ直ぐ走ってしまう子どももいます。これが子育てや教育・保育の難しいところです。

同じ家庭環境や社会環境のなかで育ったきょうだいでも、不登校になる子どもとならない子どもがいます。きょうだいがみな不登校になることはまずありません。環境が子育てや教育・保育に与える大きさについてはいうまでもあり

ませんが、一人ひとりの子どもの持つ性格など、その子どもの持つよさを大切にしなければいけないかということではないでしょうか。隣の子どもが習い事に行けば気になる、塾に行けば気になる、これは親として当たり前の心情かもしれません。しかし、社会の大きなうねりのなかで、親として、大人として大切なことを見失っています。

就学前になれば小学校が気になりそれを先取りし、中学校になれば高校の準備をさせ、高校になれば大学が気になる。そうではなく、それぞれの段階を確実なものとしていく〝積み重ねの論理〟こそが大切なのですが、なぜか先へ先へと準備をさせようとしています。準備段階ではないのに無理矢理に準備をさせれば、ほんとうの力は育ちません。幼児期には幼児期にふさわしい生活、それぞれの年齢にはそれぞれにふさわしい生活体験が必要なのです。

『生活が陶冶する』
『生活を　生活で　生活へ』

まさに至言です。

第三章　〝育て直し〟をしないために

1 制度論のみでは子育て支援は広がらない

今日の高度情報化社会、大量消費社会において、大人は子どもに何を手渡そうとしているのだろうか？ 何を伝えようとしているのだろうか？ いや、伝えるものを持っているのだろうか？ 一九六〇年代からの経済成長は、科学技術の進歩で物質的な豊かさをもたらしました。しかし今では豊かさの実感がないうえに、文明の進歩そのものがもたらした人間性の危機の徴候に、私たち大人自身が戸惑っています。自然破壊・高齢化社会・人間疎外・子どもの自殺・親の子殺し・子の親殺し・いじめ等々——。最近、たて続けに報道される想像を絶する悲惨な事件を見聞きしても、それに驚きを感じなくなってきた自分自身の感性が怖いです。

今の日本は物質的に豊かであり、教育もいき届いているという人がいます。発展途上国と言われる国々と比較すれば、確かにそうであるに違いありません。しかし、私はこれに関してはかなり危惧を持っています。幼児教育から高等教育まで大衆化し広くいきわたっています。けれど、未来への希望とか展望に必ずしも結びついていません。知識は肥大化しましたが、感性の領域はますます矮小化してきています。むしろ、殺伐とした雰囲気とか、自分のことしか考えない偏った個人主義、自分と社会がどこかで断絶しているみたいな雰囲気が漂っています。

それは、社会構造のあらゆるところで、人と人を切り離すベクトルが働いているからです。人は人と交わり人になっていく、人間関係に苦しむこともあるけれど、人は人と交わることによって勢いや社会性や意欲、そして思いやりなどを身につけていきます。社会全体として疑似体験的な色彩が強くなってきました。今までの子育てや教育のあり方の反省がせまられているのです。

政府は一九九五年に少子化対策として〝エンゼルプラン〟を始めました。当時は戦時中の「産めよ、増やせよ」という国策――例えば、一九四一（昭和一六）年一月二二日、閣議は人口政策確立要綱を決定し一家族に五人の子として早婚出産を奨励。一九四三（昭和一八）年二月二四日、厚相が人口増を目指し結婚平均年齢（女子二四歳）の三歳引き下げを奨励と答弁――のイメージが強かったので、その後は〝子育て支援〟という名を前面に出して進められてきました。

さらに、〝少子化対策〟を〝次世代育成支援〟と言い直し、二〇〇三年には「少子化対策基本法」「次世代育成支援対策推進法」を成立させました。しかし、子どもを産んで欲しいという理由が、年金や労働力の問題ばかりです。ある意

味で戦時中の国策とあまり変わりのない〝国益〟の観点からの議論ばかりで、同時代に生きる、子育て最中の親の悩みを根本的に解決するものにはなっていません。

しかし現実は、〝育て直し〟をしなければならない子どものみならず、〝育て直し〟が必要な大人も増えています。社会的に好ましからざることを引き起こす青少年が確実に増加しています。また、想像を絶する事件を起こす大人も増えています。現代人には何が不足しているのか、何が過剰過ぎているのか、〝育て直し〟をしなくてもいい子育てをすることが、緊急課題となっています。

ここに、政府の一連の支援策がほんとうの意味での育児支援になっていなかった、というデータがあります。それは、同じ著者、同じ版元から出版された二冊の本です。それは『乳幼児の心身発達と環境（通称：大阪レポート　一九九一年発行、――調査対象になった母親は一九五〇〜一九九五年生まれがほとんど）』と『子育ての変貌と次世代育成支援（通称：兵庫レポート　二〇〇六年発行、――調査対象になった母親は一九七〇〜一九七五年生まれがほとんど）』（共に名古屋大学出版会）です。

（1）一九九一年『大阪レポート』

大阪府下のある市の一九八〇（昭和五五）年に生まれた子どもたちを対象とした、出生から小学校入学までの六年間の縦断的な育児実態調査の報告です。

その頃の時代といいますと、一九七一（昭和四六）年が第二次ベビーブーム。一九七三（昭和四八）年には、子捨て・子殺し（コインロッカー）事件が相次ぎました。一九七五（昭和五〇）年には、テレビゲームが登場し青少年の犯罪が増加しました。そして、この調査を開始した一九八〇（昭和五五）年には、神奈川金属バット両親殺害事件をはじめ、家庭内暴力・校内暴力が激増し、警視庁は「校内暴力、前年四一％増」と発表しました。昨今の時代背景と似たところがあると思いませんか。

大阪レポートで明らかになったことは、現代日本の子育ての最大の問題点は、〝子どもの心の発達の道筋を知らない〟ということであり、現代の親は、

①　それぞれの年齢の子どもの特徴
②　心の発達の道筋
③　子どもの年齢に見合った親のかかわり方
④　子どもが出すサインの受けとめ方

を学ぶ必要があると述べています。

そして、著者の原田正文先生は弊社発行の『こころの育児書』で、子どもの心を育てる一六カ条として、

①　赤ちゃん体操や「うつ伏せにする」とか「手に物をもたす」などの関わりは子どもの発達によい（四カ月児検診）
②　天気のいい日には「よく外で」遊ばせている母親の子どもは発達がよい。
③　歩行器の使用は子どもの発達に悪い。
④　子どもが一緒に遊ぶ子どもが多いほど、子どもの発達がよい。

⑤母親の近所の話し相手が多いほど、子どもの発達がよい。
⑥食事の時、手づかみででも自分で食べられるようにしている母親（十一カ月児検診）の子どもは発達がよい。
⑦食事の時「特に気をつけていること」として、「食べる楽しみ」をあげた母親の子どもは発達がよい。
⑧体罰は子どもの発達に悪い。
⑨子どもによく話しかける母親の子どもは発達がよい。
⑩母親の関わる時間や関わりの度合が多いほど、子どもの発達がよい。
⑪子どもの欲求が理解できる母親ほど、子どもの発達がよい。
⑫母親の育児不安が少ないほど、子どもの発達がよい。
⑬母親の「イライラ」や「疲れ」などの精神的ストレスは子どもの発達に悪い。
⑭父親の育児への参加・協力は子どもの発達によい。
⑮育児の手本がある母親の子どもは発達がよい。
⑯出産以前に子どもとの接触経験や育児経験がある子どもは発達がよい。

と記し、そして、父親の役割として、次のように提案しています。

①子育ては父親の仕事であることをはっきり自覚して毎日を過ごすこと。
②子育てに悩んでいる妻の精神的支えになること。夫婦の絆を強める努力をすること。
③オムツを替えたり、風呂に入れたり、具体的育児を積極的、自発的に行うこと。

④　家族と過ごす時間を作りだす努力をすること。
⑤　男性モデルとしての役割を果たすこと。思春期の子どもと心が通じあえる父親になってほしい。
と記しています。

(2) 二〇〇六年『兵庫レポート』

『大阪レポート』から二〇年後の『兵庫レポート』では、〃人間関係の単純化と希薄化を象徴する内容で、いつでもどこでも痛ましい虐待が起こっても不思議でない状況〃にあり、「子育てにおける母親のイライラ感や、孤立する子育て中の母子の増加などは、ここ二〇年間の日本社会の変化を反映したものであり、国をあげて取り組んできた少子化対策や次世代育成支援は広がりを見せてはいるものの〃なぜ、子育て支援をしなければいけないのか〃という根本のところで社会的コンセンサスがとれていない」と述べています。

それを証明するデータが次頁の表です。育児支援は制度論のみでは解決しないという現実をみることができます。

「大阪レポート」と「兵庫レポート」の比較

	大　阪	兵　庫
近所に普段世間話や赤ちゃん（子ども）の話をする人はいますか？		
「いない」と答えた生後4ヶ月児の親	16%	32%
「いない」と答えた1歳半児の親	11%	21%
育児のことで今まで心配なことがありましたか？		
「しょっちゅう心配だった」と答えた親	6～7%	13～4%
育児のことでイライラすることは多いですか？		
「はい」と答えた3歳児の親	17%	43%
あなたは自分の子どもが生まれるまでに、他の小さな子どもに食べさせたり、オムツを替えたりした経験はありましたか？		
「全くない」	41%	55%
「よくあった」	22%	18%
育児の手伝いをして下さる方がいますか？		
「ある」	65%	95%
「ない」	35%	5%
誰が手伝ってくれたか？		
「夫」と答えた	30～37%	66～74%
育児について心配な時、一番頼りにする人は誰ですか？		
「夫」と答えた4ヶ月児と3歳児の母	54.6%	57.8%
「母方祖父母」と答えた4ヶ月児と3歳児の母	31.6%	27.0%
「父方祖父母」と答えた4ヶ月児と3歳児の母	3.1%	3.1%
「兄弟姉妹」と答えた4ヶ月児と3歳児の母	3.7%	2.6%
「友人」と答えた4ヶ月児と3歳児の母	2.9%	3.6%
「医師」と答えた4ヶ月児と3歳児の母	1.3%	0.7%
「保健師」と答えた4ヶ月児と3歳児の母	0.5%	0.2%
「保育士」と答えた4ヶ月児と3歳児の母	0.8%	0.2%
「看護師・助産師」と答えた4ヶ月児と3歳児の母	0.4%	0.0%
「電話相談」と答えた4ヶ月児の母	0.2%	0.0%
「近隣」と答えた4ヶ月児のと3歳児の母	0.2%	0.5%
育児を手伝ってくれる人は誰ですか？		
「母方の祖父母」	20%	60%
「兄弟姉妹」	6%	20%

原田正文著の『大阪レポート』と『兵庫レポート』をもとに筆者作成

2 子育ては個体と環境の相互作用

子育てや教育はその時々の時代背景によって大きく左右される側面がありますが、子どもをどういう存在と見るのかという〃子ども観〃や〃発達観〃が大きく影響します。

子ども受難の歴史は古代国家成立にさかのぼると言われています。未熟で役に立たない子どもをいかに早く一人前にしなければと〃スパルタ教育〃が始まりました。これらの教え込みや訓練主義が中世以降まで続き、そのような子ども観ではいけないと児童中心主義を説いたのが、ルソーやペスタロッチそしてフレーベルです。彼らは子どもは大人の小型ではなく、子どもには子どもの世界がある、発達する力が内在する、大人が考える理想の型にはめ込むことは、子どもの発達を歪める、と主張しました。そして、エレン・ケイは「二十世紀は児童の世紀」、デューイは「児童こそ太陽系の中心」と唱え、今日に至っていますが、二十一世紀に入った昨今の子ども観はいかがなものでしょうか。「一人ひとりを大切に」とか「子どもにとって最善の利益」と言いますが、「大人にとって都合のいい」選択をしてはいないでしょうか。経済至上主義の風潮、そして、前章で述べたように現代人の感性が変わってきた今こそ立ち止まって考えてみる必要があるのではないでしょうか。

読者の皆さんはどんな子ども観をお持ちでしょうか。私は豊かで便利な人を当てにしなくても生活できる社会になるにつれて、新たな子ども受難の時代が始まった、という印象を持っています。

ところで、私たちは子どもの発達のことについてどれだけ正確に知っているのでしょうか。知っているつもりですが、知らないというのが現実ではないでしょうか。

　エリクソンは人生の各時期にはそれぞれ固有の心理・社会的危機があり、この危機を乗り越えた時、子どもは人格の力を獲得し、それは次の段階に進む原動力となると言っています。例えば、乳児期Ⅰの「基本的信頼　対　基本的不信」は心理・社会的危機を表し、その下の「希望」は生きるための活力を表しています。また、発達段階や発達課題についてはピアジェなど多くの理論はありますが、〝分かったつもりでいるけれど分かっていない〟というのが

エリクソンの人格形成における心の発達チャート

老年期　Ⅷ								統　合 対 絶望、嫌悪 英知
成人期　Ⅶ							生殖性 対 停　滞 世話	
前成人期　Ⅵ						親　密 対 孤　立 愛		
青年期　Ⅴ					同一性 対 同一性混乱 忠誠			
学童期　Ⅳ				勤勉性 対 劣等感 適格				
遊戯期　Ⅲ			自主性 対 罪悪感 目的					
幼児期初期　Ⅱ		自律性 対 恥、疑惑 意志						
乳児期　Ⅰ	基本的信頼 対 基本的不信 希望							
	1	2	3	4	5	6	7	8

現実ではないでしょうか。私もその一人ですが、弊社発行の岸井勇雄著『子育て小事典』と山田真理子著『機微を見つめる～心の保育入門～』をもとに〇歳から五歳児までの表を作ってみました。次の頁をご覧下さい。参考になれば幸いです。

いずれの発達論を勉強しても、発達には発達課題があります。発達課題とは、人間の一生の各時期にはそれぞれの課題があり、それを下から踏み固めていくことが大切であるという考え方で、個体と環境の相互作用で獲得していきます。要は放っといては発達課題は獲得されないのです。大人の適切な関わり方が大切だということです。

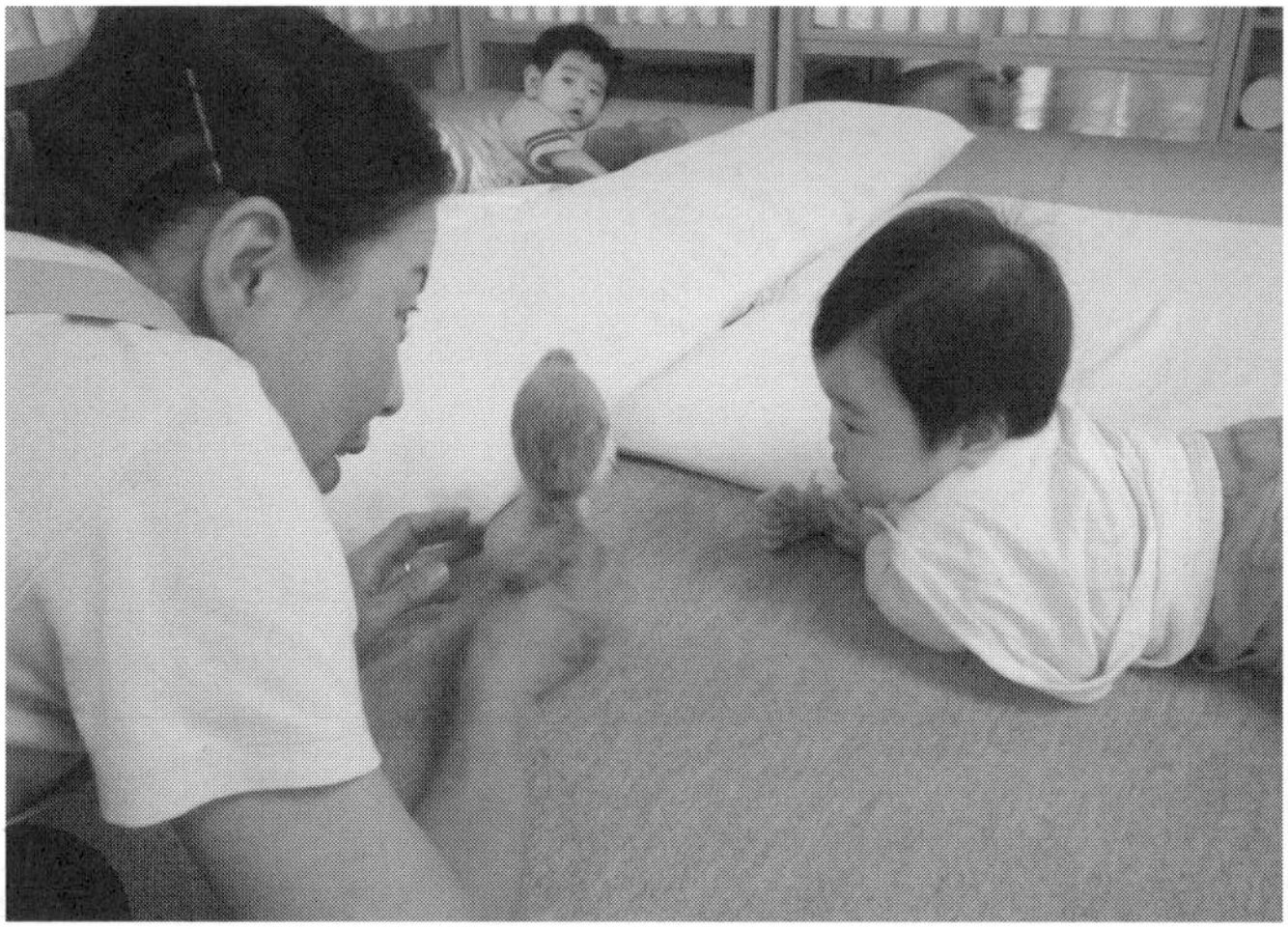

乳児期

【発達課題】人間や社会に対する“愛情”と“信頼感”を身につけること。

	0歳児	1歳児	2歳児
発達課題	基本的信頼関係 自信・自尊心：自分はこの世に生きることを認められた存在なんだ。 人間信頼：この世は自分が生きる上で守ってくれる。許してくれる。	発見・感動・伝達・共感	身体を通して世界をつかむ
特徴	食う・寝る・泣く 不快を訴える	間接体験から直接体験へ 視野が広がる 発見→感動→伝達→共感	集中力がなく、落ち着きがないように見える。 身体を使っての活動が面白い
配慮	不快を感じる→泣く→世話をされる→心地よくなる→寝る→起きる→不快を感じる・・・ 不快を訴えれば快に、守られている、この世に受入られている、という基本的信頼感が育つ体験の積み重ね	発見、感動にたくさん出会えるような環境を用意する。 伝達、共感する相手が必要。共感する相手がいなければ、やがて発見すらしなくなる。	身体を使うことを目一杯。どのくらい跳べるのかな、どのくらいの物が持てるのかな、などをやって知ることが大切。 この時期にじっとさせることは発達の妨げになる。 じっとしなければならない場所には連れて行かない。
注	これが問われるのが思春期	好奇心の始まり	この時期にあまり身体を使っての体験をしなかった子は、児童期に身体の協応的な動きスムーズでなかったりする。

幼　児　期

【発達課題】乳児期の発達課題に加え、自分で考え行動し責任をもつ“自立感”、自分で自分をコントロールする“自律感”と自信の“有能感”

	3歳児	4歳児	5歳児
発達課題	自我・個性が芽生える。 自己主張と攻撃性の発散。 ファンタジー能力の開花。	おせっかいと仲間意識	人生を支える人間観
特徴	心のエネルギーを外に向かって放出。表現の仕方が未熟なため、自分の気に入らない相手を攻撃したり、物を奪ったりするが、相手が憎いから生まれた攻撃ではない。 一般的には「第一反抗期」	自分を使って何かをしてみたくてたまらない時期。このおせっかいは、人間関係において「人とつながろうとする人間」「人に手をさしのべようとする人間」「見て見ぬふりをしない人間」になる第一歩。社会性が芽生える時期。	未熟であるけれど一つの完成期。
配慮	「攻撃」「乱暴」と押さえつけてしまうと、積極性ややる気をつぶすことになりかねない。 自己主張は個性を育むことと関係している。どれだけ自己主張が許される環境におかれるかは、その子の将来に大きな影響を与える。 ごっこ遊びで攻撃性を発散。	現代社会は子どものおせっかい心を満たす環境が整っていない。おせっかいをたくさんさせて、自分が何かの役に経つことに誇りを感じるように。この時期のおせっかいをうるさいと思わないで。支え合って生きる人間になるために大切。	「していいこと、いけないこと」、善悪、正邪の判断、秩序などの社会的ルールを、いのちの大切さなどをしっかり伝える。 栽培・飼育
注	この時期の自己主張しないままに過ごしてしまうと、自分を表現するきっかけを失い、中高生になってから「自分らしさ、自分を表現しましょう」と言っても、なかなか出来ない。	この時期のおせっかい心をつぶして、大きくなってから「○○しましょう」と言っても効果はない。	

岸井勇雄著『子育て小事典』山田真理子著『機微を見つめる～心の保育入門～』（エイデル研究所）をもとに筆者作成

3 新しい保育指針は子どもの発達をどう捉えているのか

新しい保育所保育指針の第2章、子どもの発達の2「発達課程」を見て、皆さんはどんな感想をお持ちになったでしょうか。これまでの指針から大幅にカットされた、新しい指針では大綱化された部分ですが、抽象的な説明に終わってしまい、低年齢ほど簡単に書いています。そして、基本的信頼感が強調されていないことがとても残念でなりません。私は、そんな印象を持ちました。もしかすると、〝子ども観〟〝発達観〟の違いかもしれませんが、子どもが幼ければ幼いほど丁寧な保育が求められ、現に若い保育者の中には、乳児保育は嫌いという方がいます。しかし一方で、行政は乳児保育を推奨しているではありませんか。

また、新しい指針では「乳幼児期の発達の特性」について、以下のように記しています。

（1）子どもは、大人によって生命を守られ、愛され、信頼されることにより、情緒が安定するとともに、人への信頼感が育つ。そして、身近な環境（人、自然、事物、出来事など）に興味や関心を持ち、自発的に働きかけるなど、次第に自我が芽生える。

（2）子どもは、子どもを取り巻く環境に主体的に関わることにより、心身の発達が促される。

（3）子どもは、大人との信頼関係を基にして、子ども同士の関係を持つようになる。この相互の関わりを通じて、身体的な発達及び知的な発達とともに、情緒的、社会的及び道徳的な発達が促される。

（４）乳幼児期は、生理的、身体的な諸条件や生育環境の違いにより、一人一人の心身の発達の個人差が大きい。

（５）子どもは、遊びを通して、仲間との関係を育み、その中で個の成長も促される。

（６）乳幼児期は、生涯にわたる生きる力の基礎が培われる時期であり、特に身体感覚を伴う多様な経験が積み重なることにより、豊かな感性とともに好奇心、探究心や思考力が養われる。また、それらがその後の生活や学びの基礎になる。

皆さんはこの文章をどう解釈しますか。私は説明のし過ぎというか、特性にはなっていないと思います。気をつけなければ読み手に誤解すら与えかねないと思います。特性とは「そのものだけが有する、他と異なった特別の性質。特質」という意味です。

発達の特性とは、

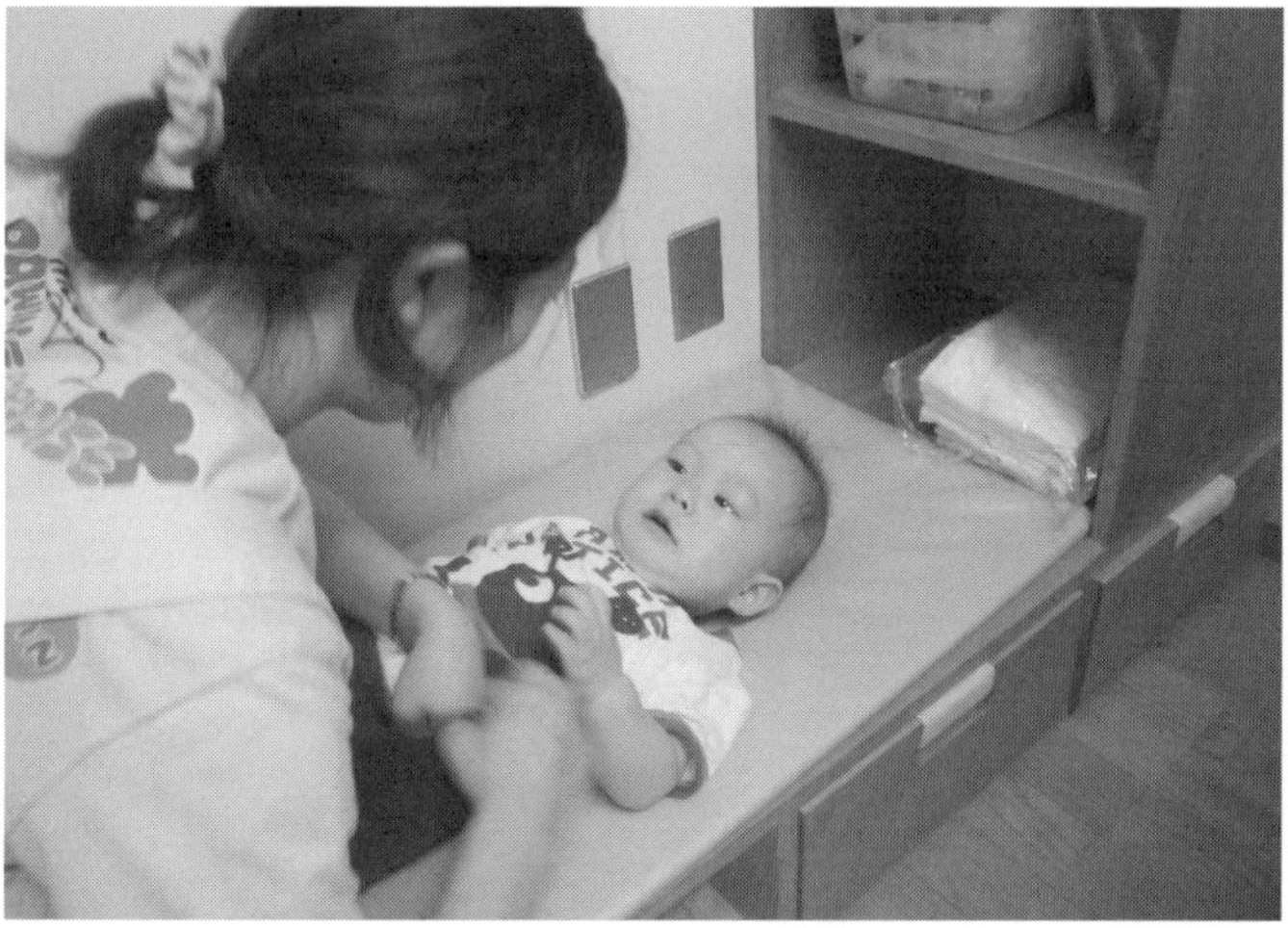

① 性差、個人差：発達には性差、個人差があり、課題の獲得が早い遅いということは問題ではない。

② 積み重ね：生きていく上で、より大切なものから順に積み上げていくことが大切。しかも順序があり、パスしてはいけない。

③ 適時性：個々の発達課題には獲得しやすい時期がある。

です。新しい指針の説明と比較すると、実に分かりやすいのではないでしょうか。

ただ、ここで注意していただきたいことがあります。例えば、言葉の遅れの一因は親のテレビを見ながらの授乳や長時間視聴であるにも関わらず、個人差で片付けてしまうことがあります。子どもがどういう子育てを受けてきたのか、どんな日常生活を送ってきたかを見抜かなければなりません。

それから②には、「高次は低次を制限する」という関係が成り立つと、佐野勝徳教授は『げ・ん・き七号』の「早期教育―ここが問題」（一九八九年）で述べています。つまり、より高い（高次の）発達課題が早い時期に与えられる

と、それより低い（低次の）発達課題の活動が制限され、発達に歪みが生じやすくなるということです。

例えば、ハイハイをさせずに歩行器を使って歩けるようになった子どもがいるとします。この子にハイハイをさせようとしても難しいものです。子どもにしてみれば、這行移動より歩行移動の方が効率がよいからです。這行を経験していない子どもは、小学生になってつまずいた時に反射的に手が出ず、頭から落ちて怪我をするケースが多いと言われています。

また、知的な発達においても、これと同様なことが起こります。〝話し言葉〟と〝書き言葉〟との関係です。〝書き言葉〟には、主語・動詞・目的語といった文法上の制約がいくつもあります。しかし、〝話し言葉〟にはそのような制限が少ないので、自分の思いを比較的自由に表現できます。〝書き言葉〟による思考は、〝話し言葉〟による思考に比べてより形式的ですから、幼児に文字や作文の指導を導入しますと、〝話し言葉〟の持っている自由性を制限し、〝話し言葉〟を駆使することによって培われる創造力を弱めることになります。また、〝話し言葉〟が豊かに育っていないと、豊かな〝書き言葉〟が獲得できにくくなります。

本書４章に小学生のすばらしい作文を掲載しています。この背後には、乳幼児期からの豊かな読み聞かせという音声言語があったからだと思います。

③で思い出すことは、ロバート・フルガムのエッセイ集『人生に必要な知恵はすべて幼稚園の砂場で学んだ』です。小学校での学級崩壊や不登校、中学校でのいじめ、さらに青少年期や大人になってから起こるさまざまな問題はある日突然起こるのではありません。その根っこは乳幼児期にあるはずです。遊びの場で楽しみ方や仲間との付き合い方を学んでいれば、そういうことにはならなかった、あるいは

なりにくいのではないでしょうか。

それからもう一つ、今回の指針で書かれていないことで残念でならないことは、〝育て直し〟が謳われていないことです。幼児教育現場では〝育て直し〟が重要な仕事の一つになっています。また、いわゆる〝気になる子〟のそばには〝気になる保護者〟がいることは、周知の事実です。子どもの育て直しには、親の育て直しが必要なことも事実です。新しい指針では第6章で「保護者に対する支援」を謳っていますが、これと密接に関係することが〝育て直し〟です。子どもの権利に関する条約第三条の「子どもの最善の利益」をどう解釈するのか。〝親にとって最善の利益〟になっていないか。さらに同一八条の「親の第一次的養育責任と国の援助」をどう解釈するかは、子ども観・発達観が大きく関わってきます。

ちなみに、新しい教育基本法には、「家庭教育」「幼児教育」「学校・家庭・地域社会への連携・協力」が新たに追加されました。その第十条（家庭教育）一項は、「父母その他の保護者は、子の教育について第一義的責任を有するものであって、生活のために必要な習慣を身に付けさせるとともに、自立心を育成し、心身の調和のとれた発達を図るよう努めるものとする。」です。

昔の人は発達論なるものは知りませんでした。無学でしたが立派な子育てをしていました。それは理屈ではなく、身近に子育てのモデルがたくさんありました。同時に、親から子へ、子から孫へと子育て文化を伝承してきました。アインシュタインは、「教育とは、学校で習ったすべてを忘れたあとに残るものをいう」と言ったそうです。高学歴化は進み発達なるものを学んできたはずですが、『大阪レポート』が「今のお母さんは発達の道筋を知らない」という問題提起をしてから二〇年が経ちます。ことは深刻になる一方です。それは、子どもとの関わり方を知らないがゆえに、個体と環境の相互作用で獲得されるべき発達課題が獲得されないこと、発達の特性を無視した子育ての現実があるからではないでしょうか。

昨今の〝気になる子〟の増加は、子育てを通して〝気になる子〟を作っているという印象を強く持っています。とりわけ、「基本的信頼関係」の欠如が、子どもから大人まで、社会の至る所で影響が出始めていると思います。

4　子どもにとって必要な「幼小連携」とは？

最近、私は小学校低学年の先生にお目にかかる機会をできるだけ持つように努めています。それは、家庭教育を含めた幼児教育のあり方が学校教育にどのような影響を及ぼしているかを感覚的に知りたいからです。ある時、低学年の担任を長年つとめ、今年、特別支援学級の担任になった先生がこんな話をしてくれました。

ここ数年、障害児が確実に増加しているように感じます。それも知的障害や肢体不自由という従来あった障害ではなく、多動や人の話が聞けない、――それも一見健常児と変わらないように見えるけれどそうではない――、そういう子どもたちが増えています。その原因は環境ホルモンなどが影響しているのではないか――？

先生はさらに、

子どもが特別支援学級に入ることを保護者が認めた場合は学級運営はスムーズにいくけれど、そうでない場合は、普通学級の学級運営は大変です、と。

学校教育法第七五条第二項には、①知的障害者、②肢体不自由者、③身体虚弱者、④弱視者、⑤難聴者、⑥その他の障害のある者で特別支援学級において教育を行うことが適当なもの、に該当する児童及び生徒のために、特別支援学級を置くことができると定められています。前述の先生が話してくれたことは⑥が増加していることを意味しています。これは、もしかすると就学前の〝気になる子〟を育て直しせずに、そのまま小学校へ送りだしている〝先送りの結果〟といっても過言ではありません。

新しい要領・指針では幼稚園・保育所と小学校との連携をあげています。幼小連携、とても大切なことだと思います。入学前に小学校で園児個別指導を行っている自治体も現にあります。発達障害の子どもの効果的な支援には、早期発見と育て直し、そして幼小の連携は欠かせないことかもしれません。小学校との連携について、新しい保育所保育指針では、「（ア）子どもの生活や発達の連続性（傍点筆者）

を踏まえ、保育の内容の工夫を図るとともに、就学に向けて、保育所の子どもと小学校の児童との交流、職員同士の交流、情報共有や相互理解など小学校との積極的な連携を図るよう配慮すること。（イ）子どもに関する情報共有に関して、保育所に入所している子どもの就学に際し、市町村の支援の下に、子どもの育ちを支えるための資料が保育所から小学校へ送付されるようにすること。」、新しい幼稚園教育要領では「幼稚園教育と小学校教育との円滑な接続のため、幼児と児童の交流の機会を設けたり、教師の意見交換や合同の研修の機会を設けたりするなど、連携を図るようにすること。」と記しています。

指針のいう発達の連続性をどう理解すればいいのでしょうか。私は、一人ひとりの子どもが小学生になるための将来へ向けての連続性、と乳児からの育ちを振り返る連続性の両方だと思います。前者を強調しすぎると、〝育て直し〟の必要な子どもをそのままにし〝先送り〟するだけになりかねません。

私はむしろ、後者の〝育て直し〟をしやすい低年齢期にき

ちっと〝育て直し〟をするということが重要だと思います。大きくなればなるほど大変です。

小学校現場は今、団塊の世代の教員大量退職時代に突入しました。新卒者が即担任にならなければならないという教育現場に、子どもの育ちを正確に受けとめるだけの先生はどれだけいるのでしょうか。現場の管理はますます強まってきているという話も聞きます。また、児童心理は分かっていても、乳幼児心理が分からない先生がいるかもしれません。幼児教育現場と小学校が、子どもにとって最善かつ真の連携を保つためには、小学校の先生は、幼稚園教育要領・保育所保育指針やその年代の子どもの発達を、幼稚園や保育所の先生方は、小学校低学年の指導要領や児童・生徒の発達を知らなくてはいけないのではないでしょうか。

5 基本的信頼関係の獲得のために

この世に誕生してから間もなくの、エリクソンのいう「乳児期Ⅰ」に基本的信頼関係が築けたか否かは、その後の発達課題を獲得するためにも、その後の人生を生き抜くためにも、それが重要なポイントになるような気がします。そして、成長してから何か挫折するような事態に陥った時、この「基本的信頼」が築けている人間は、どんなに辛い時でも周囲が自分に対して好意的であると信じることができるため、自信をなくさずそれを乗り越えていくことができます。しかし、「基本的不信」を植えつけられてしまった人間は、周囲に対して不信感が先立ってしまいトラブルが多くなるのではないでしょうか。例えば、幼児期の気になる子、小一プロブレム、思春期の数々の事件、そして、親の子殺し・子の親殺し、そして最近起きた、東京秋葉原の無差別殺傷事件の容疑者など基本的信頼関係の欠如が、その一因であると思うのは私だけでしょうか。幼い時のケガは大したケガではないけれど、そのケガとなる原因を解決しなければ、大きくなればなるほど大きなケガを起こしてしまいます。

ところで、子どもに基本的信頼関係を植えつけるためには、どうすればいいのでしょうか。それはいたって簡単なことです。目の前の子どもとまっとうな関わりをすればいいのです。例えば、乳飲み子が泣くと、「お腹が空いたのかな?」「オムツが濡れたのかな?」などと、生のボイスシャワーをかけながら乳飲み子の不快を解消してあげればいいのです。また、朝目覚めたら「○○ちゃん、おはよう」と声をかけたり、ぎゅっと抱きしめてあげればいいのです。要は、自分はこの世に生きることを認められた存在なんだ、

この世は自分が生きる上で守ってくれる、許してくれる、と感じるような人間や社会に対する愛情と信頼感が身につくような関わり方を繰り返し繰り返ししてあげればいいのです。それは生理的欲求を満たしてあげることであり、起きている時はその月齢・年齢に相応しい関わり方、しかも感動・共感できる関わりをすればいいのです。

しかし昨今では、この関わり方を知らない世代が増えてきました。その原因は幾つかあると思いますが、私は、今の子育て世代に前の世代（爺婆世代）が子育て文化を伝えていない、テレビやビデオなどの機器の普及などが、大きな影を落としていると思います。

例えば、テレビをつけたまま授乳する人が相当数います。中には携帯電話を片手に授乳する人がいるそうです。私も二人の子どもを育てる時、哺乳瓶でミルクを飲ませたことがあります。一気に飲み始めたり、だんだん満たされてくると乳首をもてあそんだり、「あー」とか「うー」と声を出したり、すると「うん、そうかそうか。満腹になったか。よかったなー」などと語りかけたものでした。その時の光景は今でも覚えています。自慢するわけではありませんが、私がそういう関わり方ができた理由は、どこかで関わり方を学んだり、勉強したわけではありません。親になる前に子育ての姿を見たり、子どもとの関わり方を真似たり、盗んだりできる環境が至

更生見つめて
神戸児童殺傷　少年院の記録
「赤ん坊」から育て直し
「理想の母」と呼ばれた医師
遺族「手紙には具体性見えず」
6年半かけ償いの芽

る所にあったからです。今思えば、育てられたように育てた。経済的には貧しかったけれど、実に心の豊かな時代だったと思います。

だから、「今の子育て世代の人はなっとらん」と言っているのではありません。無責任な言い方かもしれませんが、時代の流れ、なるべくしてなったという側面があります。しかし、そうであるがゆえに、新たな努力が求められているのです。

下の写真は、二〇〇七年五月二三日の朝日新聞の神戸児童殺傷事件を起こした当時一四歳の少年の更正記録の記事です。〝「赤ん坊」から育て直し〟という見出しを見て、大手マスコミが「育て直し」という言葉を初めて使ったのではないかと記憶しています。記事中に〝「理想の母」と呼ばれた医師〟とあるように、一〇年間にわたり医師や教官が家族を演じて一四歳の少年を赤ちゃんから育て直したというものです。

法務省が特別に用意した生活訓練課程、少年院での矯正過程をみると、

緊張期（一九九七年一〇月〜九八年五月）一五歳：笑顔はなく、拒否的。「人間は野菜と同じ」。特定の職員に信頼を寄せるが、暴言を吐く。

危機期（九九年八月〜同年九月）一七歳：「顔が溶ける」「自分が壊れる」と訴える。母親役の女性医師に信頼を寄せ、心を開き始める。

再構築期（九九年一〇月〜二〇〇〇年三月）一七歳：院内の朝礼に初めて参加。拒み続けた両親の面会を受け入れ、謝罪の気持ちを示す。

成長期１（〇〇年四月〜〇一年一一月）一七〜一九歳：体育や勉強に意欲を見せる。監視カメラのな

い部屋に移る。遺族の手記を自ら希望して読み、何度も反省文を書く。

成長期2（〇二年一一月〜〇三年四月）二〇歳：親や遺族の存在から逃げなくなり、贖罪意識が深まる。「生き抜いて、生涯を費やし償いたい」。

総括期（〇三年五月〜）二〇歳：親との関係や将来に対する姿勢が向上する。

一〇年間に及ぶ壮絶な〝育て直し〟の歴史です。この記事に接したとき皆さんはどういう感想をお持ちになったでしょうか。子どもが大きくなればなるほど〝育て直し〟には長い時間と多くの労力を要します。

また、一〇数年前にこの事件に接したとき、少年には〝基本的信頼〟ではなく〝基本的不信〟があると感じたのは私だけではないでしょう。しかし、現在の幼児教育現場を見ていると、〝基本的不信〟の感情を持っている子どもが増えてきていると思います。どうぞ、〝育て直し〟をしないためにも、また、一人ひとりの子どもたちが豊かな人間関係や社会性を身につけるためにも、幼い子どもが〝基本的信頼関係〟を獲得することが、親の責任であり大人の責任、そして社会の責任であるということを肝に銘じて日常の生活の中で豊かな関わりをしていただきたいと思います。

第四章　読み聞かせ、語り聞かせの大切さ

1 生の声で実践を

過日、和歌山中央幼稚園の山下悦子園長にお目にかかりました。山下先生は和歌山大学教育学部の米澤好史先生との共同研究の話をして下さいました。この調査研究の目的は、五歳児から義務教育にしようという考えが文部科学省にありますが、そうではなく「五歳児を幼稚園で育む」という証拠を見出すことにあります。学ぶべき内容を重視する〝教科の理論〟ではなく、学んでいる子どもたちを重視する〝学習者の理論〟にたった素晴らしい調査研究です。詳細については、いずれ学会などで報告されると思いますが、山下先生は以下のような話をしてくれました。

子どもが意欲をもっていろいろなことに取り組んでいく原動力は、日々、心が安定した状況で成長しているかどうかです。訓練をするから伸びるのではなく、自らの力で、いろいろな気持ちを交錯させながら自分のやる気を育てています。認知活動や学習意欲は、イメージすること、発想すること、工夫すること、考えることの楽しさを自ら獲得していく育ちそのものであり、その一連の発達を助けているのが、「絵本の読み聞かせ」です。ゆったりとした気持ちで子どもを受け入れ、繰り返し繰り返し、子どもの理解できる内容、理解できるスピードで、大人と子どもが絵本の楽しさを共有する共同作業が脳の発達を促しています。

幼児教育は氷山に例えられます。氷山の九〇％は水面下にあり、見える部分は一〇％に過ぎません。しかも、見える部分をもって、水中の見えない部分の形状を推測することは困難です。しかし、昨今の子育てや保育は、見える部分のみに目が奪われて、それを支える見えない部分に手を差し伸べていません。だから、見えない部分がスカスカになって浮き上がってしまう、子どもの「発泡スチロール化」現象が起こっています。

子どもに読み聞かせをしっかりしている親は、子どもを大切に見ている、という結果が出ました。しかし、そういう親も二つの群に分れます。①知育を重んじ、子どもに指示命令をしている親と、②そういうことではなく、可愛くて、読み聞かせを楽しんでいる親です。②の親は「読み聞かせすると子どもが喜ぶのです。楽しいなーと言っています。子どもはとても絵本が好きなんです」と理屈なく読み聞かせを楽しんでいます。でも、①の親は読み聞かせ自体に何かのねらいを持っているためか、子どもに対して指示命令が多いという結果が出ました。

それは園児を見ればわかります。叱咤激励する親の子どもは伸びていませんし、攻撃力がすごいのです。やはり、親が理性的に判断し、うちの子は今どういう状況にあるかということがわかって対応できる親になると、子どもは正常に育ちます。子ども観・教育観・発達観など〝観〟の違いで、子どもの育ちが変わるということを意味しています。

さらに、子どもが生まれてからかけられる言葉は、耳に心地よいものでなければなりません。子どもの言葉が豊かになるためには、生きた言葉を語りかけるかどうかです。それだけで言語力は伸びます。そのためには、いい絵本を読み聞かせして欲しいのです。

私は、語り聞かせを実践することは、子どもの育ちのために必要なことだと考えています。良い絵本を語り聞かせたり、いいわらべうたを歌ったり、そして、それを継続することは、

① 能動的に聞くことができるようになる。
② 語彙が豊富になる。
③ 想像力が豊かになる。
④ 好奇心・集中力が育つ。
⑤ その他、心の深層に潜む豊かな感性を育んでくれます。

幼い子どもは、自分が決定的に絶対的に無条件で受容されている場所を持てば持つほど、子どもは信頼感が強くなります。親ほどではないと思いながらも友だちを信じることができ、先生を信じることができ、世の中を信じることができるようになります。そして、人を信じることができる子どもは自分を信じることができます。

テレビ・ビデオなど便利なものに子育てを任せる

のではなく、双方向の対話型のインタラクティブな人間の生のボイス・シャワーが大切です。子どもが決定的に絶対的に無条件で受容される場を作るために、一日一度でもいいから、テレビを消して、静かなゆったりとした中で、生の声で語り聞かせを実践してはいかがでしょうか。

2 読み聞かせ百遍義自ずから見る

ある保育園の保護者から次のようなおたよりをいただきました。

二〇回、絵本を読むということ

子どもが保育所に入所する以前は、同じ絵本を一ヶ月読み続けるということは考えてもいませんでした。むしろ、同じ絵本を読み続けると、子どもは飽きてしまう、と思っていました。

しかし、保育園では月刊誌を毎日毎日、先生の優しい声でゆっくりと読み聞かせしていただきました。すると、子どもたちは飽きるどころかどんどん絵本の世界に入っていくことができるようになりました。

最初は、ただ興味を示すだけでしたが、徐々にストーリーを覚えるようになり、絵をじっと見るようになりました。絵を深く見るようになると、絵の奥に想像の世界が広がっていくように思いました。子どもが絵本を好きになるのに時間はかかりませんでした。

子どもは絵本を歌をうたうように節をつけて、口ずさみながら遊び始めます。何も見ずに、無意識に――。それは誰かが教えたことではなく、自然に生まれてきました。同じ絵本を何度も読んでいただいた賜物だと思います。

絵本の中に身を置くことができる子どもは、想像の世界が広がり、文字のない絵を見るだけでストーリーを作ることができるようになりました。また、絵本を通しての体験を実際の生活と結びつけることができ、より興味を持って自然や社会に親しみ、日常生活の幅を自ら広げ、自信を持って積極的にチャレンジすることができる子どもに成長してくれたように思います。

それだけではなく、同じ絵本を何度も読み聞かせすることは、子どもに落ち着きと穏やかな優しい気持ちを与えてくれる素晴しいも

のになっています。先生や両親の膝の上で聞くあたたかい声は、子どもに安らぎと安心感をもたらし、愛情をたっぷりと感じ、情緒を安定させる特効薬となっています。何度も読んでもらい、よく知った大好きな絵本が、親子をはじめ人間関係の潤滑油として大きな役割を果たしてくれています。

保育園で毎日毎日、読み聞かせしていただいた月刊誌を家に持ち帰ってからも、「お母さん、読んで　読んで」と持ってくるのは、二〇回読み聞かせをしていただいたからこそ。絵本が子どもにとっては、なくてはならないものとなったからだと思います。

こんな素晴しい二〇回読み聞かせをしてくださる保育園とめぐりあい、同じ絵本を何度も読み聞かせすることの大切さを教えていただいたことを、心より嬉しく思っています。そして、この二〇回読み聞かせが、より多くの園や家庭に広がればと願ってやみません。

（姫路　白鷺園保育所保護者）

このおたよりを読み、思わず思い出したのは、今は亡き梅本妙子先生のことです。初めてお目にかかったのは一九八八年。当時、『二〇回読み聞かせ』を提唱して間もない頃でした。初対面の私に「新聞さん、同じ本を何度も何度も読み聞かせすることはおかしいことですか？」と『二〇回読み聞かせ』についいて私に意見を求めてきました。私は、「別におかしなことではないと思いますよ。昔から『読書百遍義自ずから見《あらわ》る』、それと同じですよ。読んでもらうか自分で読むかの違いじゃないですか。言葉を獲得していない子ども、文字を読めない子どもにはとてもいいことではないですか」と応えたことを、今でも鮮明に覚えています。

「読書百遍義自ずから見《あらわ》る」とは、どんなに難しい本でも何度も繰り返して読めば、意味が自然に明らかになるという熟読の必要を説いた言葉です。しかし、幼い子どもたちは、話してもらうか、読んでもらうか、それしか方法はありません。現代という同時代に生きる子どもたちのために私たち大人が努めなければならないことは、「読み聞かせ百遍義自ずから見《あらわ》る」ではないでしょうか。

梅本先生は、同じ本を何度も読み聞かせすることの意義について、以下のように述べています。

同じ月刊絵本を二〇回も三〇回も読むことは、どの子どもの絵本も読んであげたいと思う保育者の愛情から生まれたものです。ところが、子どもたちは、絵本の内容がわかればわかる程、その絵本を好きになりました。組の集団の子どもが、小さな一冊の絵本に集中して絵本の世界に浸っているひと時、年齢により、絵本の内容により、それぞれの子どもにより、さまざまな反応で答えてくれます。

時には言葉のリズムを楽しみ、各自の生活体験をとおしてイメージを広げ言葉にならない思いをふくらませ、全身で絵本の世界に飛び込むことのできる子どもたちです。ストーリーのある絵本に興味を持ち始めると、次はどうなるかと予想し、（何回も読んでいて知っている）その通りに展開すると、自分の思っていた通りになった喜びと安心感は自信につながります。自分の生活体験を通して絵本の世界に浸っている子どもは、昨日と今日が同じ絵本であっても、感じる内容は日々変化しているようです。その日の絵本を見る状態や、気持ちの変化によっても、昨日の目とは違っています。

またそれと反対に、何回読んでも、同じ場面で同じことを思ったり考えたりする場合がありま す。回を重ねるごとに今まで見えなかった絵の細部が見えてきます。初めは絵本の題を知り、部分に反応する興味の段階ですが、だんだんと理解を深め、余裕と自信をもって一冊の絵本の世界を自分のものにするのです。このような子どもの心の中には誰も踏み込むことはできません。

子どもたちは、読み聞かせの終わったその都度、「ああおもしろかった」と思うことで充分です。言葉に出して何も言えない時こそ、いっぱい感じているものがあるのです。口に出して言ったことは意外と浅い次元のものだったりします。読み終わったあと、それぞれの子どものしぐさや表情から、保育者は今日も絵本を読んだことの幸福を実感します。

この地球上に朝が来て、昼が来て、夜が来て、また朝が——と毎日の繰り返しがあるから、私たちは安心して日々生活できるのではないかと思います。もし今日は二四時間だったけど、明日は一〇時間になるかもしれないというようだったら、実に不安な毎日だろうと思います。毎日の生活のリズムの中に自分を置いてこそ、安心して生きていくことができるのです。

保育の中でも、園ごとのデイリープログラムによって、子どもたちは同じことを繰り返す中で園に慣れ、登園から降園まで安心して一日の園生活がなされるわけです。ところが、年間のカリキュラムによる設定保育は、どうなっているのでしょうか。月別の主題を小さくコマ切れにしたような設定保育では、次元の浅いやらせ保育に終わってしまいます。また、新しい興味のあるものを用意して、子どもを喜ばせようとする保育者の熱意も、ひとつ間違えば、子どもの主体性を奪ってしまいます。最初は興味づけから出発しても同じ遊びを繰り返し、だんだん深まり、だんだん広がり自信となり、遊び込む面白さを体得するような保育でなければならないはずです。

絵本においても、同じことが考えられます。同じ絵本の読み聞かせだけでは、子どもは飽きるのではないか、毎回子どもの興味のありそうなものを用意しなければとか、私の好きな絵本だからこれならきっとうまく読み聞かせができるだろう――などと、絵本の好きな保育者が意外とつまみ食いのような読み聞かせをしています。これでは、せっかくの読み聞かせもあまりよい効果は得られません。興味だけが保育の中心になっているような組の子どもたちは、明るく、子どもらしさはありますが、どことなく落ち着きがなく、ガサガサ、ソワソワしています。

興味から出発してしっかりと遊び込んでいる組の子どもは、目がきらきら輝き、意欲的で自信に満ち一人ひとりが自分を持っている姿が見えます。月刊絵本から二〇～三〇回の読み聞かせのすばらしさを実践した保育者たちは、異口同音に絵本と保育の関連の深さに驚嘆しています。そして、月刊絵本にとどまることなく、あらゆるジャンルのよい絵本に目を向け、同じ絵本を何回も読み聞かせるようになりました。

（『ほんとの読み聞かせしてますか』より）

3

〝最終歴〟より〝最初歴〟

　ここでは、幼い時からの読み聞かせの積み重ねが、子どもに言語能力——読みとる力、自分の気持ちを表現し、人の言うことを聞きとり、理解する力、想像力——を育んだのではないかと思われる小学生の作文を二つ、紹介しましょう。最初は、小学校四年生の女の子の作文です。

（1）絵本に出会えた喜び

絵本に出会えて　　　4年　竹内里沙

　年少三歳の時に出会った絵本。今私は四年生。一〇歳まで数えてみると何冊になるだろう。保育園の時にはクラスのみんながもっていた『こどものとも』、三年間で三六冊。でも、この他にも何かのごほうびやほしい本と出会った時に、たくさんたくさんプレゼントしてもらった。五歳年上のお姉ちゃんの分と合わせて、大きな本棚が絵本でいっぱいになった。何回も、何回も読み聞かせてもらった本、たまにふと思い出しては、なんとなくぺらぺらとめくりながら楽しむ本。絵だけを見て夢の国にいるような気分になる本、いっぱいいっぱいある。どれを見ても、心がゆったりする。

　このごろ毎日のように人をころしたり、事故をおこしたり、朝から見たり聞いたりしたくないようなニュースがいっぱいで、「なんで、朝から、こんなことを放送するのだろう」とふしぎに思うことがいっぱいある。私が小さい時から楽しみにしていた、絵本を読んでもらう時間のような、ほんわりと、たまにわくわくどきどきするようなあの夢の国のような時間の方が、私はぜったいその日一日ががんばれるといつも思う。なぜなら、学校に行くと力いっぱい大きな声を出して、力いっぱい遊んで、授業では知らない事をたくさん学習したり、大好きな絵を書いたり、時には、総合学習でたくさんの調べものして発表したり、自分が今まで知らなかった世界のたくさんのことにチャレンジして、その中で楽しいこと、友達と協力すること、にが手なことができるように教えてもらったり、いろいろと、本当にたくさんする事がある。

でも、そんな学校生活でもしんどいなぁと思ったら、なぜかふしぎと、ふうっとあの絵本の時間を思い出している。きっと、これは私の頭の中にずっとすみついているまほうのようなものだと、今になってつくづくそう思う。その一つには本読みをあてられても、別にいやではないし、自分ではけっこう、その世界に入っていつでも読めるような気がする。それは、保育園の時、毎日、大好きな先生に、その絵本になりきって読み聞かせてもらった、あの時のようすが、今でもずっとわすれずに、私の心の中にねむっているからだろうと思う。先生は悲しい時、うれしい時、わくわくする時、どきどきする時、いつもその場面の顔と声で体じゅうで表現しながら、読み聞かせて下さった事をはっきりと覚えている。

それと大切な私の宝物として心の中にしまってあるのが、その年にした「表現遊び」だ。全員が主役で絵本の中のヒーローだった。みんなキラキラ輝いて、終わった時には、みんなでいっぱい笑って、園長先生たちにいっぱいほめてもらった。それは「上手」という言葉ではなく、「ひとり、ひとりがすごく輝いて——」と笑顔いっぱいでほめてもらったことだ。この言葉は私の心の中からはなれたことはない。だって、私が主役で一生懸命「表現遊び」をした気持ちいい時間だったから——。

今の学校生活では、こんなにゆっくりと夢の国のようなことを考えるひまもあまりないし、分かってくださる先生も少ない。だから、よけいにずっと覚えているのかなぁ——。「夢に向かって」とか「心豊かに」と先生方はよくお話されるけれど、私はこれを聞くとすごく疲れる。だって、あたりまえのことだから——。

今年は五年生、勉強もむずかしくなるし、生活もいそがしくなる。でも、私は自分らしく、宝物は大切にしたいし、大好きなことは

たくさんやってみたい。そして、大声でいつも元気に笑っていたいし、おこる時にはしんけんにおこる。なににしても一生懸命とりくんで、小さい時のまま、いつも自分らしくキラキラ輝いていたいと思っている。

私は、毎日読み聞かせして下さった先生、お家では必ず読んでくれたお母さん、そして、すばらしい絵本にであえたことに、すごく感謝している。だから、ずっと、ずっと大切にしたいと思っている。

先生、ありがとう。

美江子先生、ずっと、ずっと元気で、里沙が大きくなっても帰れる所に笑顔で待っていてね。

小学四年生の竹内さんの文章を読み、みなさんはどんな感想をお持ちになったでしょうか。私は、「本は生きる力」「本は癒し」「絵本は道しるべ」、そんな言葉が浮かんできました。そして何より、竹内さんは幼い時に、保育園の先生やお母さんに何度も何度読み聞かせしてもらったんだあー、見えない部分を育んでいたんだなー、そんな光景が浮かんできます。

朝から殺人や事故のニュースを見たくない。全くそのとおりですね。それから、『『夢に向かって』とか『心豊かに』と先生方はよくお話されるけれど、私はこれを聞くとすごく疲れる。だって、あたりまえのことだから――。」という部分は、大人としてすごく考えさせられました。この箇所を先生批判と受け取る方がいるかもしれません。しかし、そうではありません。竹内さんが疲れる訳は〝お説教〟だからではないでしょうか。「先生の言いたいことは、いい本を読めば書いてあるよ」と竹内さんが教えてくれているように思います。ここに、〝読み聞かせ〟〝読書〟〝本のある生活〟の意味が隠されていると思います。

教育には〝教えられること〟と〝教えられないこと〟があります。固有名詞や社会的知識は教えなければならないことですが、どうすれば高く積木を積むことができるかなどは、子ども自身が自ら働きかけ、試行錯誤を繰り返すことによってしか身につけることができません。子どもの心も同じではないでしょうか。「夢に向かって」とか「心豊かに」というようなことをことを教えようとすると、どうしてもお説教になってしまいます。そうではなく、そういう心を育てたいのならば、子どもの心を揺さぶればいいのです。子どもの心が動くような心を耕せばいいのです。いい絵本しかり。いい児童文学しかりです。

豊かで便利な情報化社会において、子どものお手本となるような大人をなかなか見つけることが難しくなりました。竹内さんがいうように朝から嫌なニュースばかりが流れてきます。先生も親も、政治家も、経済人も、子どもに教えられない。また、見本を示しにくい大人世代が大半を占めてきたように感じます。だから、「思いやりのある子になるように」「ものを大切にする子になるように」「命を大切にする子になるように」などとお説教調で強制するよりも、素晴らしい絵本を読み聞かせしてあげたり、素晴らしい文学を読んだりして、感動の涙とともに胸にしまいこんだほうが、子どもには素直に伝わるのです。

漱石の坊ちゃんは嘘をつかない。いじめられても正直を貫きます。宮沢賢治の童話は、生き物に対する思いやりの心が描かれています。今どきのエコにもつながるものがあります。先生や親が子どもに期待する「夢に向かって」「心豊かに」などは、いい本に巡り会う機会を与えれば、自ずから身につくものです。その機会を作っていないことが問題なのです。

ノンフィクション作家で、絵本にも造詣が深い柳田邦男氏は、

絵本の可能性は、

① 言葉の発達を助ける。

② 絵と言葉が補いあうことで感性を豊かにする。

③ 肉声で読み聞かせすることで、読み手と聞き手が感情を共有し、子どもにとってはお話が現実の体験と同じものになる。

④ 物語性のあるものを繰り返し読み聞かせすることにより、文脈や人間関係の理解ができるようになる。

⑤ 同じ頁に見入ったり、前に戻ったり、子どもが時間を自分の手に取り戻せる。

読書の力は、

①　教養を高め、知識を得ること。
②　生き方や困難を乗り越える力が醸成される。
とおっしゃっています。全くそのとおりだと思います。

(2) 大きなたくわえとなった読み聞かせ

もう一人の小学生の作文をご紹介しましょう。姫路市の白鷺園保育所所長の大牧美江子先生は、卒園児が学校に提出した作文にいたく感動し、以下のようなコメントを添えて卒園児の作文を送ってくれました。まずはこの作文とコメントを皆さんに読んでいただきたいと思います。

私が育ったところ

六年一組　竹内　友季子

私が、年少から年長まで通っていた、保育園で生活体験をさせてもらいました。

四年生の夏休みには、一歳児、二歳児のクラスで、男の子一〇人の本当に元気いっぱいのクラスだった。今回は、年少三歳児のクラスで、一五、六人のこじんまりとした、女の子の多いクラスだった。

この園は、町の真ん中に位置し、どのお部屋からも姫路城がながめられ、園庭からは、何百年もたつ、外堀である、原生林、四季折々の色を目前に、自然をいっぱい体感し、まるで絵本の中にいるような、夢いっぱいの年中行事で、楽しい思い出を胸いっぱいに、プレゼントしてもらい、本当に楽しい、すばらしい園だ、と私は卒園してから、今日までずっと思い続けている。

何と言っても、先生の層の厚いこと、いつ、のぞきに行っても、かならず笑顔で向かえてくださる先生方、そして給食のおばちゃん。私は、ちょっとパワーがなくなった時、ここへ帰ると、〝ホッ〟とし、心から、素直に、元気になれるような気がする。

今回も、ここで体験させてもらおうと思ったのは、フルスピードで過ごす学校生活、また、ちょっと発想のちがう友達、また各家庭、毎日の生活の中で、私は不思議に思うことがいっぱいあり、時々どうしたらいいのかわからない時があるので、ふと思い出したのかもしれない。

私は、今の学校生活は、自分なりに奥深く、楽しく、過ごしているつもりです。それは、いつでも守ってくださる先生と、最高の友達がたくさんいるからだと思う。けれど、小さい時から「心」を育ててくれたのは、私の家庭であり、また、この大好きな保育園だったのかもしれない、と今になってつくづく考えさせられることがある。前進する勉強、学力は自分の努力、〝真〟の力かもしれない。けれど、今よく耳にする「心の豊かさ」は、やはり保育時、人が本当に育つ時に、日常生活の中から養い、体でもって感じ、自分の心の中に、いつまでも、宝物として、たくわえられたものと思う。

その中の、大きな私のたくわえは、「読み聞かせ」だ、と強く思っている。たった一冊のうすい絵本、月刊誌、『こどものとも』を、かならず、ゆっくりと先生のやさしい声と笑顔で、毎日、毎日読み聞かせてもらったあのひとときは別世界、完全に絵本の中にすいこまれるような、まるで「うらしまたろう」のような時間だった。今から計算すると九年前、三歳児だった時の最初の絵本は、『ぶた　ぶた　こぶた』。今でもはっきりと覚えている。こぶたちゃんたちの兄弟を思いやるお話だった。それから後の数々の絵本、数えきれないくらい読み聞かせてもらった。

なかでも、たまにお部屋に来て、みんなの好きな絵本を読んでくださった園長先生のあのひとときも心に残る思い出深い時間だった。卒園する時に、園長先生からいただいたお手紙に、「これから長い人生、つらい時、悲しい時、さみしい時に、そうっと心のとびらを開いて心の宝物、絵本のことを思い出して、頑張ってね」と、プレゼントしてもらったのを、今でも大切に宝物としてしまっています。

園長先生は、絵本のすばらしさ、大切さを勉強し、今では絵本をもっと保育に生かそうと、心から先生自身が楽しみながら、広げて

おられる、そんな姿に今回改めて気づき、驚いた。また、それを受け継ぐかのように、どの先生も勉強会をくり返し、その成果を子どもたちに毎日伝えておられる。それにもまた、本当にびっくりした。

でも、これがあるから、園全体に心からわき出してくる笑顔があり、また、元気いっぱいの大きな声で楽しく遊べる、自分の意志を相手に伝えることができるんだなぁと強く思った。

それから、すべての先生に余裕がある、どのお友達にも、おひざをつき、かならず、お顔を見て、話を聞いてくださる、その姿は私が在園児だった時と、まったく変わっていない。みんなの言うことを聞いて、納得するように言い聞かせ、また、まちがったことはしかってくれる、そんな先生の姿に、私は心から〝ホッ〟とした。今の時代だからこそ、これが絶対、必要であると思った。

また、私が今回おせわになったクラスの先生の大きく、大きく、すばらしい先生になっておられるその姿にも強く感動した。それは、私が卒園の時、研修生として来られた先生だったのに、もうはや六年が経ち、心細やかな気配りの中にも、若いお姉さんらしいジョークもあり、楽しく、明るい空気の中で、子どもたちを保育しておられる、と思った。

これも、やはり園長先生をはじめ立派な先生がたくさんおられるからだろうし、すべてが一体となって頑張っておられるからだろうと思う。このような環境の中で、もっと、もっと心豊かな子どもたちが育つと、平和な社会づくりができると思う。

私は最後に、この保育園を卒園する時からずっと思っていたことがあります。それは、この先生たちに負けないくらい立派な保育園の先生になりたい、と思っている。それは、子どもたちのキラキラ光った目とステキな笑顔。いっしょに未来に大きくはばたいていく子どもたちを一人でも多く、育ててみたい、と思ったからです。

【大牧美江子先生のコメント】

そっと「先生読んで」とはにかみながら手渡してくれたのは一通の作文でした。

目を通すうちに、今失いかけている心の豊かさとは何か、子どもとの関わり方の大切さを私たちに教えてくれています。友季子ちゃんのような感性豊かな子どもたちが白鷺園という温かい懐から将来の夢を描きながら巣立ってくれることを願っています。

この目まぐるしい時代だからこそ今まで以上に「絵本の読み聞かせ」を積み重ね、子ど

もたちの話をしっかり受け止め、そっと寄り添って聞いてあげる保育を大切にしていきたいと思います。心の故郷にもって帰って来てくれた宝物を先生は誇りに思います。友季子ちゃんありがとう。

この作文を読み、読者のみなさんはどのように感じられたでしょうか。筆者個人の率直な感想として、思わず絶句——、うまい！自分がこの年代の頃にこんなことを考えていただろうか？自分の子どもたちはどうだったろうか？などと考えてしまいました。時代が違うからといえばそれまでですが、卒園児にこんな作文を書いてもらえる保育園、園長は保育者冥利につきる、と思わずうらやましくなりました。

そして、何度か読み返すうちに、人間にとっては〝最終歴〟よりも〝最初歴〟こそが大切で、今はそれが問われているのではないかと実感しました。

竹内さんは小学校生活の中で、発想の違う友達や価値観の異なる家庭があることに気づき、ある種の戸惑いを感じています。思春期前期からの少年少女特有の〝学ぶ喜び〟〝有能感〟そして〝適確性〟を獲得するために、このもんもんとした時期を乗り越える力を育ててくれたのは、いわゆる〝心のふるさと〟である家庭であり、保育園である、と言っています。

そして、「前進する勉強、学力は自分の努力、〝真〟の力かもしれない。けれど、今よく耳にする『心の豊かさ』は、やはり保育時、人がほんとうに育つ時に、日常生活の中から養い、体でもって感じ、自分の心の中に、いつまでも、宝物として、たくわえられたものと思う。その中の、大きな私のたくわえは、『読み聞かせ』だ、と強く思っている」と、乳幼児期の関わりの大切さを小学六年生にして断言しています。

おそらく、保育園時代に園や家庭でたくさんの読み聞かせをしてもらったのでしょう。ファンタジーやものがたりをたくさん蓄えていったのでしょう。そして今も、たくさんの本に親しんでいるのでしょう。その見えない力が、成長の過程で自分自身に悩んだり、人間関係に苦しんだ時の糧になったということが容易に想像できます。

また、竹内さんは「いいモデルに恵まれている」と感じました。それが親であったり先生であったり――。彼女自身、先生方の立ち居振る舞いをよく見ていることがわかります。私たち大人が大人たりうる人間になることの大切さを改めて痛感します。

竹内さん、たくさん遊んで、勉強して、たくさん本を読んで、立派な保育士になって下さい。

4　いい家庭にはいい物語がある

前にご紹介した竹内さんはどんな家庭で育ったのでしょうか。お会いしたことはありませんが、この文章からなんとなく想像することができます。きっと明るい声が飛び交い、ものがたりを楽しむことができる、そんな家庭環境だったのではないでしょうか。

ずいぶん前のことですが、故・河合隼雄先生の講演を聞く機会に恵まれました。講演のなかでハッとさせられる言葉がありました。「いい家庭にはいい物語がある」。

この言葉を聞いて一ヶ月が経った頃でしょうか。出張先の電車の中で素晴しい親子に巡り合いました。高山から名古屋へ向かう特急〝ひだ号〟の中での出来事でした。その日は平日というのに何故か通勤電車なみの混雑。途中駅から乳飲み子をおんぶし、三歳と五歳ぐらいの子ども連れの、三〇歳前後とおぼしき母親が乗ってきました。もちろん車内は混雑し、その親子は車両の連結部のトイレの所に立つことになりました。私もその連結部の窓際に立ち、その親子の会話を耳にしながら旅を続けました。


「今日は座れないねー」

「そうねー。今日はお客さんが多いからねー」

しばらくすると、

「疲れたなー、座りたいなー」

「〇〇ちゃん、今立っている所でどうしたらお座りできるか工夫してごらん。バッグの上にお座りしてもいいから」

すると、きょうだい揃って色々工夫をして何とか座ることができました。しばらくすると、車掌さんが通りかかりました。

「〇〇ちゃん、車掌さんが通るから、立って場所を空けてあげてー」

すると、バッグに座り読んでいた絵本を片手に立ち上がりました。

次はトイレを利用する人が来ました。

「トイレの前を空けてあげてー」
「トイレ臭いなー」
「〇〇ちゃんもトイレ行ってみるー」

このような親子の会話が延々と続いていきました。

この若い母親に感心したことは、子どもに対して決して指示・命令語を使わなかったことです。子どもが主体的に行動を起こせるような言葉かけを繰り返し繰り返し返していったのです。三～五歳ぐらいの子どもがラッシュなみの電車に乗るとグズルのが普通だと思っていた私の考えをくつがえす、何とも言えないほのぼのとした光景でした。

「よい子は危ない」とよく言われますが、子どもを指示・命令語でしつけていった子どもは危ないでしょう。しかし、彼らのように親子の間で次々と物語が展開していく家庭に育った子どもは、ほんとうの意味での「よい子」になるのではないかと思いました。

テレビなどのハイテク機器の普及により、家庭内の会話やコミュニケーションがおろそかになっています。それに加え、大人が子どもに発する言葉には指示・命令語が多く、家庭に物語が生まれにくい状況にあります。

人生とは〝物語作り〟だと思います。しかし、いい物語は本人の努力なくして、また、いい環境に恵まれなければつくることはできません。いい物語を生んでいくためには、テレビを切って、わらべうたを歌ったり、絵本を読んであげたり、昔話を語ってあげたりすることが、ますます大切になってくると思います。

5 『ふれあいうた』のこと

弊社では、『映像でみる012歳のふれあいうた　あそびうた』（DVDと本がセット　税込定価一四〇〇〇円）を制作しました。これを制作した理由は、子どもとの関わり方を知らない方があまりにも多いからです。だから、それを覚えていただくために、いわゆる〝気になる子〟を作らないために、あわせて〝育て直し〟や〝育ち直り〟をしていただくためにです。

このDVDを持って保育者をめざす養成校を訪ねました。学生さんに集まっていただきスクリーンに映した映像を見ていただきました。担当の先生と私はスクリーンに映る映像を見ている学生さんの顔を逆方向から観察しました。すると面白い現象が起こりました。それは、〝ニコニコと映像に共感し「やってみたい、知ってる、知ってる」と言う学生さん〟と〝能面みたいな、共感しない学生さん〟の二群がいることがわかりました。正直言ってショックでした。後者の学生さんがやがて保育者になるのかと想像するだけで――。

そこで、この『映像でみる012歳のふれあいうた　あそびうた』（DVDと本がセット）の園での利用方法を紹介します。

① 保育者に覚えてもらう。保護者に貸し出しをして覚えてもらう。

② 新入園児の親子面談の時に親御さんに見せてあげて下さい。親御さんの顔を見ていれば、その家庭のこれまでの子育てのありようを垣間見ることができます。

③　職員採用時に応募者に見せてあげて下さい。その顔を見ていれば子どもたちと共感できるか否か、保育者として向いているか否かがわかります。

以前ある公立の園長が、その年に採用した保育士がミルクを飲ませたり、ブランコで背中を押してあげる時に何も語りかけてあげないと嘆いていたことがあります。また、採用試験の面接で「なぜこの仕事を選んだのですか?」という質問に、「子どもが好きだから――」と答えた学生を採用してガッカリだったという話を聞きました。養成校を出たから資格がある、資格があることは専門性がある、ということには必ずしもつながりません。もの言わぬ子どもが何を訴えているのか、その子とどういう関わりができるか、それが身についているかが〝子どもにとって最善の利益〟につながるのです。採用基準の目安として充分に活用できます。

④　子どもに見せる時は見せっぱなしにしないで下さい。家庭で一緒に見ていると、子どもの表情が変わります。そして、そのうちに子どもから「やって」と声をかけてきます。これは筆者の孫で実証済み。『いちり　にり　さんり』はとても喜びます。

このDVDを利用していただいた方から以下のおたよりをいただきました。

このDVDのサンプル映像は
http//www.eidell.co.jp/dvdbook/

感じるあたたかさ

信頼関係を築くことがとても大切な乳児期に、保育士と肌を直接触れ合い、そのぬくもりを感じ、保育士に対して信頼を持つことができると思います。わらべうたのような曲調で体にすっと響き、心地良い気持ちを味わいながら、保育士と体を動かしたり、笑い合ったりして遊び、保育園で過ごすことにも安心感を与えられると思います。このように、いつでもどこでもできるふれあいうたは、子どもとどう接すれば良いかわからないと子育てに不安を感じている保護者の方に広めていきたいです。子どもとこのようなことから関わりを持ち、沢山話しかけ、笑いかけ、触れ合うことで、子どもの心も落ち着き、沢山愛情を受けて育った子どもは、心豊かに成長していくと思います。保育者として、すぐにできるレパートリーを増やし、保育の中でとりいれていきたいです。

～ふれあいうたを通して結ぶきずな～

乳児との関わりでは、信頼関係を築いていくことが特に大切だと思う。乳児はまだあまり言葉を発することができず、会話でコミュニケーションをはかる事はできない。その中でこのようなうたを通して肌と肌に触れ合いながらスキンシップをとったり、語りかけるようなやさしい言葉でコミュニケーションがとれることはとても素敵なことだと感じた。

昔からあるわらべうたには、一つ一つの言葉の意味があるのだろうと思う。面白い言い回しやよく意味のわからない部分があるので、その背景や歴史を調べて知るとまた違った楽しさ面白さが味わえると思う。その言葉を意味を知らなくても安心感が生まれて聞けるのは、日本語を大切にしているからだと思った。

保育者と子どものふれあい

この中に出てきた歌は昔の人が子どもとふれあう時に歌っていた歌なのかなと思いました。歌を歌いながらハンカチや玩具を使ってリズムをとっていましたが、子どもと直接、肌にふれ合う事がほとんどで、保育者とスキンシップがとれてとても良いと感じました。歌を歌っていると子どももその歌に合わせて手足を動かしたり「あー」と言ってみたりしてにこにこ笑顔になって反応していました。また、保育者は子どもと目を合わせて行っていました。

今日観たＤＶＤもそうですが、伝承遊びなど日本で昔からある様な遊び、歌が現在少なくなり身近に感じなくなってきている気がします。実際に今回出てきた歌は初めてきくものばかりでした。日本の伝統的なものも、私達が伝えていかなければ、近いうちに消えてしまうような気がしています。こういった昔ながらの事も子ども達に伝えて一緒に歌ったり遊んでいく事も大切ではないのかなと感じました。

ふれあいうたの癒し

このＤＶＤを見てふれあいうたが沢山あることがわかりました。昔からずっと伝っているうたは、どこか懐かしく私の心も癒してくれたような気がします。また、わらべうたをうたいながら各年齢に合わせて子どもの身体に触れてみたり、何か道具を使ってみたりなど、その状況に合わせたやり方でやっていたので、わらべうたひとつでバリエーションがいくつもあるのだと感じました。

そして、わらべうたをやってもらっている子どもも、とても楽しそうにしていたし、保育士にやってもらって喜んでいる姿が見られました。

DVDに出てきた子どもたちは、スキンシップを沢山とらなければならない時期だと思います。なので、沢山スキンシップをとっているのか、ずっと笑顔でいた子どもを見てとてもかわいいなと思いました。そして、保育士が子どものことを一番に思っていることだからだと感じました。

子どもと触れ合うあそび歌

乳児や一、二歳児位の幼児との触れあいあそびがたくさんあることに驚きました。乳児との関わり方は、やさしく歌いながら、手や足、おなかなどに触れて関わりをもつと、子どもはやさしい歌声に安心して、ゆったりとした気持ちで保育者との触れあいを楽しんでいるのだなと思いました。一、二歳児位の幼児になると、子どもをおんぶしたり、持ち上げて左右に動かしたり、人形と一緒にあそんだりして楽しめることが分かりました。

発達にあわせて、あそび方を変えていくことで、一つのあそび歌でも幾通りのあそび方に発展することができることを学びました。そして、一つのあそび方ではなく、発達に応じたり、子どもの興味（あそびの途中で人形を持ち出す子どもの姿など）に合わせて、あそび方を変えていくことは、子どもの姿をよくとらえて保育することにつながるのだなと思いました。子どものちょっとした表情や仕草などをつかんで保育していくことの大切さが分かりました。

触れ合い遊びうた、わらべうた遊び

わらべうたは以前から興味があり、保育の中に取り入れられたら良いといつも考えていました。実際、先日の保育実習の責任実習（三歳児）ではわらべうたをたくさん取り入れてみました。初めに出てきた『このこどこのこ』は朝のお集まりに一人ひとりの名前を呼びながらうたい、挨拶をしたところ、思った以上に楽しんでくれて、私としてもとても楽しかった良い思い出となりました。

このＤＶＤを見て、赤ちゃんからわらべうたをいっぱいうたい、触れ合い、子どもの笑い声、興味深げな表情など、その魅力を再び感じました。日本人が昔から持つ旋律やリズム、言葉の面白さなのでしょうか、とてもなじみやすく自然な気がしました。

おだやかにうたいながら触れ合うというのは、母子、または保育者と子どもにとって気持ちの良いものなのだと思います。子育て支援として親になる人たちへ伝えるのは効果があるのではないかという気がします。静かで穏やかな保育空間にとても憧れを感じました。

私たち爺婆世代が子育て文化を伝えなかった分だけ、現子育て世代が苦しみ、子育てを苦痛と感じているのではないかと思います。子育てとは、子どもを育てることだけでなく、親が親として育つ大切な

場です。子どもと大人、あるいは親子で一緒に歌い遊び、関わりあうことが、共に感動を呼び起こします。関わり合わなければ、子どもに基本的信頼関係は築けません。そのための道具としてこのＤＶＤが役に立てば幸いです。なお、この商品は、厚生労働省が「社会保障審議会推薦児童福祉文化財」に決定したという通知をいただきました。

6 保護者に読み聞かせ支援を

昨今、「格差」が社会的問題となっています。そして、語られる内容は主に経済的格差ですが、様々な格差が生じてきています。なかでも文化的格差がいずれ取り返しのつかない経済格差を生んでしまうのではないかと危惧しています。その原因の一つが家庭間の文化格差ではないでしょうか。

時々、幼稚園や保育園の保護者にお話をする機会があります。その時、「皆さんの家にはどんな本がありますか？皆さんは日頃どんな本を読んでいますか？『広辞苑』や『大辞林』はありますか？」とたずねます。すると、辞書のない家は結構あります。コンピューターで調べるとか本は図書館で借りる、という方が大変多いです。しかし、どうでしょうか。一家に辞書ぐらいは揃えて欲しい、自分の趣味の本でもいいから最低限の本ぐらいは揃えて欲しい、また、子どもとの触れ合いに必要欠くべからざる最低限の絵本は揃えて欲しい、と思います。

今の子育て世代の家庭には本が少ない、と思ったことはありませんか？それは子育て世代に限ったことではないかもしれませんが、本のない家はどうしてもテレビやビデオ・インターネット・ゲームに流れてしまいます。

幼稚園教育要領・保育所保育指針は、〝保護者に対する支援〟を謳っています。保育所保育指針第6章『保護者に対する支援』で「保育所における保護者への支援は、保育士等の業務であり、その専門性をいかした子育て支援の役割は、特に重要なものである。保育所は、第1章（総則）に示されているように、その特性をいかし、保育所に入所する子どもの保護者に対する支援及び地域の子育て家庭への支援について、職員間の連携を図りながら、次の事項に留意して、積極的に取り組むことが求められる。」、幼稚園教育要領第1章総則第3『教育課程に係る教育時間終了後等に行う教育活動など』には、「なお、家庭及び地域における幼児の生活も含め、幼児の生活全体が豊かなものとなるよう、家庭や地域における幼児期の教育の支援に努めること。」と書かれています。

また、前述したように、指導要領のもとである中央教育審議会答申に携わった梶田叡一氏は、言語活動を支える条件としての留意点の一つとして、「小学校では日常的に読書に親しむような指導、中学校では読書をより豊かなものにするような指導、といった発達段階に応じた目標を明確化すること。読書習慣の確立に当たっては家庭の役割が大きいので、学校、家庭、地域を通じた読書活動の充実を図ること」と述べていますが、これを支える前提となるものは、乳幼児期からの読み聞かせだと思います。

『見える学力、見えない学力』（岸本裕史著　大月書店）で、百マス計算などで有名な陰山英男先生が師とあおいだ著者・岸本裕史は「言語能力は、おおまかにいって語彙をどれだけ知っているか、どれだけ自由に使いこなせるかでほぼ規定され、小学校に入学時に、知的な面で遅れをとっている子どもは、一五〇〇位、普通の子どもは三〇〇〇程、よくできると見られる子どもは六〇〇〇以上も言葉を自由に使えるまでに至っている。たくさんの言葉を知っているということは、それだけ一般化・抽象化できる能力が高まっているといってもさしつかえなく、親が日常使っている言葉の質が高ければ、おのずと子どもの言語能力の発達は促進され、学校の成績があまりよくないといわれる子どもに、一生懸命にドリルを買い与えてやらせても、効果ははかばかしくありません。塾へやっても期待はずれになりがちです。それは、学力の土台となる言語能力が乏しいからです。言語能力は知的の能力の核心であり、学力の土台です。できのいい子、ひらめきのある子は、例外なく高くて豊かな言語能力を持っています。見える学力の土台には、見えない学力というものがあるのです。」と述べています。

まずは、幼い子どもたちへ語りかけ、子どもにとっては、相手の声やお話に耳を傾けることから始めなければなりません。機械の一方的な音声では「何だろう」と興味・関心は湧きません。お互いの話に耳を傾け、それに応答した話を繰り返す基本的なやりとりの積み重ね、耳で聞くお話は、子どもたち一人ひとりに異なった豊かなイメージを与えてくれます。まずは、生のボイスシャワー、それが、基本的信頼関係を築き、豊かな人間関係をつくる近道なのです。

第五章　昔話は『心のふるさと』

1 私の思い出

皆さんは昔話にどんな思い出をお持ちでしょうか…?　私は祖母の布団の中にもぐり込み聞いた『吉四六さん』のひょうきんなおはなし、祖父が火鉢の灰をまぜながら、煙管でキザミ煙草を吸っていたあの原風景。今は亡き祖父母の姿が浮かんできます。おはなしの内容は細かくは覚えてはいないのですが、安心しきった何とも言えない心地よさが浮かんできます。

人類の長い歴史において、口承文芸としての昔話が語り継がれてきたのには、それなりの歴史の必然性があったに違いありません。それは、昔話のない国はないという事実からもうかがい知ることができます。

もうずいぶん前のことになりますが、慶応大学の小此木啓吾先生は現代の若者たちの精神構造について「モラトリアム」とおっしゃいました。モラトリアムとは猶予期間の意味です。大人になるために、年齢相応の分別を持つために、何年もの猶予期間が必要とする人という意味で「モラトリアム人間」とおっしゃいました。人格が年齢相応に成熟するためのモラトリアム期間が必要だと言われる若者たちの色んな精神構造を説明する中で、モラトリアム人間の特徴の一つとして、文化・伝統を引き継がないということをあげています。

戦後の高度経済成長とともに、人の価値観は大きく変わり、見えるものを評価し、見えないものを軽視する風潮、そして、物質的豊かさと便利さ、合理主義を求めてきました。しかし、今日の社会を見まわしてみると、子どもが子どもとして、親が親として、大人が大人として育つことを非常に困難にしています。わが子に対する幼児虐待、また、育ての親に対する老人虐待も増加しています。世の中がおかしくなると、子どもや老人、そして、障害者という弱者にしわ寄せがくるのが歴史の常です。人間という種がどこか狂いだしたと思うのは私だけでしょうか。

人の誕生から死に至るまでの人生は、考えてみればファンタジーそのものです。ファンタジーの世界を経験させなくて、先へ先へ、早く早くと、知識中心で子育てをしていくと、自分の持っている知識が組織や社会で通用しないとわかった途端に刹那的になってしまいます。

有名大学に入ることだけが、よい子育てとは言えません。「○○さんちの△△ちゃんは□□大学に入った、きっといい子育てをしたからだろう」と世間では羨ましがるかもしれません。○○さんにとっては自慢の△△かもしれません。しかし、ほんとうの子育てはそうではないでしょう。とりわけ、現代社会においては、子育ての結果は、青少年期よ

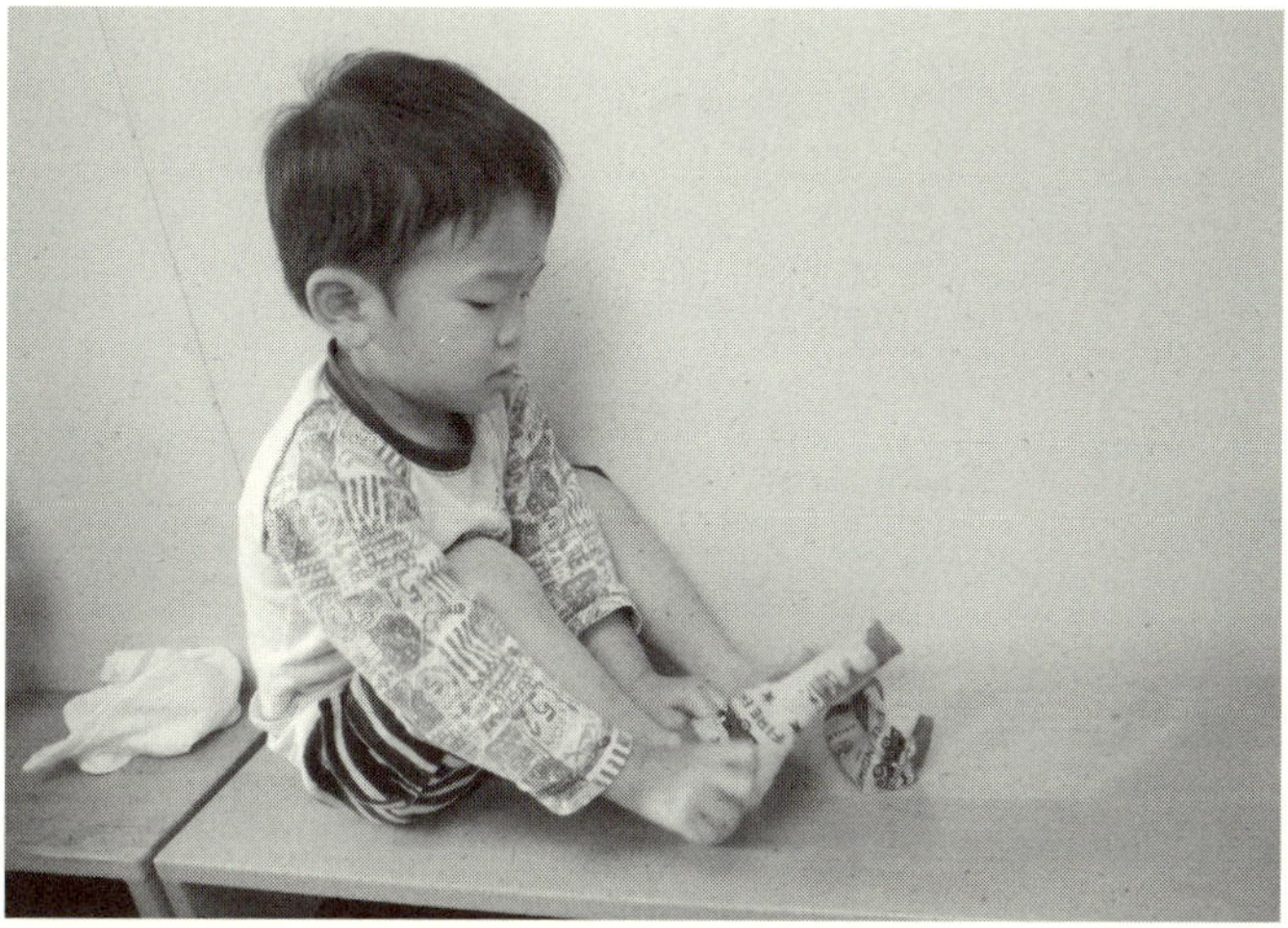

りも成人・大人になってから現れるという側面がますます大きくなってきています。勉強ができる頭のいい子を育てることも大切なことかもしれませんが、それ以上に、些細なことでキレたりしない、こわれにくい丈夫な頭の子どもを育てなければならないと思います。

人が人として育つということは丸ごと育つのです。いいことも悪いことも全部背負わなければなりません。しかし、現在社会に生きる私たちの傾向としては、いいことばかりに目が向きがちです。食料不足、エネルギー不足、、エコロジー、地球規模の問題で人間は苦しみ始めています。このような問題を解決するためには、人間としての知恵と英知が必要です。

そんな人間としての知恵や英知は昔話の中にたくさんあります。

2 昔話は子どもの心の居場所

教育家庭新聞（一九九五年六月一七日）に以下のようなことが記されていました。

「おはなし」には、子どもの頃におじいさんやおばあさんから聞いた、童話や昔話、眠りにつくまでにお母さんが読んでくれた絵本など、大人から子どもに伝えられる伝承文化の要素が大きい。しかもそれは、人間から人間へと「生」の伝達であることが望ましい。それは一つのショーであり、相手の反応によって対話しながら構成される、双方向の伝達だからだ。

コミュニケーションやプレゼンテーションの能力が、国際社会という舞台でみた時の日本人には欠けている、という指摘が以前からあった。感動や思いをいかに相手に伝えるか、それは今後、より求められる能力のはずだ。

「おはなし」の中心は、口頭による語りだが、絵、人形、劇などの媒体の制限はない。伝える者と聞く者とが、「おはなし」という虚構の世界の中で、感情を共有できればいいのだ。

目には見えない「おはなし」の世界。聞く者のイメージと、語り手との真剣勝負のすご味がある。その経験の中から、表現力が育っていくことは間違いない。

また、ユング派の人たちは、昔話を「子どもの心を重く圧迫しているものを語っていて、なおかつ、それを払いのけていくだけのものを、おはなしの中で語っている」と定義しています。確かに、そうであるに違いませんが、私た

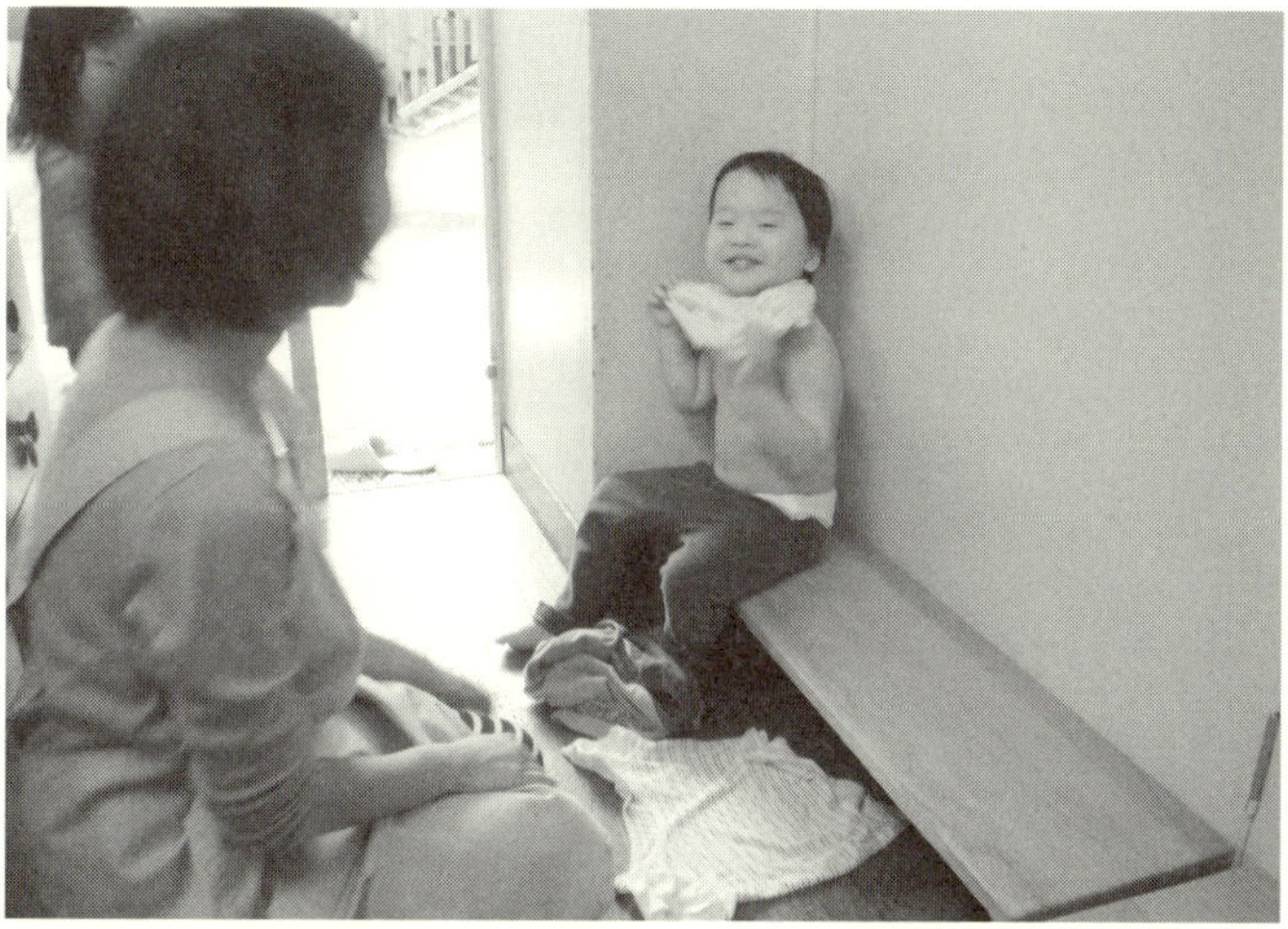

ちは語り手が話してくれたその空間の楽しさ、おはなしの楽しさ、面白さ、そして、その素朴さだけで、私たちが子どもの頃は満足していました。それがとても大切なことです。

ある種の昔話を任意にとりだして、そこに語られているものが、人間の生き方とどうかかわっているか、人間の成長とどうかかわっているかというようなことは、センスがあればその観点から語りつくすことはできるかもしれません。でも、間違いなく人間はおはなしが好きなんだ、ほんとうに好きなんだ、現実に自分が生きていることは、面白かったり、そうでなかったりするけれど、人類の誕生はおはなしとともにあったといっても言い過ぎではないと思います。

昔話の初めに使われる「むかし　むかし」という言葉は「いにしえ」ではなく、「むかしのむかし」、語源的には「向こう、向こう側」という意味だそうです。だから、語り手が「むかし　むかし」と語り始めることは、「今、私たちがいる空間のおはなしではなく、その向こうの空間のおはなしだよ、今の時間の話ではなくて人間にとっての向こうの時間のおはなしだよ」ということです。それを「ファンタジー」と言ってもいいわけです。だから、「一寸法師」や「つる女房」が出てきても、全くかまわないわけです。

子どもたちは語り手のおはなしに安心して、「なんておはなしは面白いんだろう」と思いながらも、そのおはなしの中にズーッと生き続けること、つまり、ファンタジーの世界の中だけで生き続けるということに対する危うさや恐怖感は、誰でも持っています。それを地域によって色んな表現があるようですが、「いちゃぽーんとさげた」とか「どっとはらい」で、「向こうの世界はおしまい、また、この世界に戻ってきたんだよ」という合図で終わります。

昔話は向こう側の世界のことを語りつつ、実は人間の心の中に直結していることをさりげなく言って終わりにしているのです。そして、「おやすみなさい」と言って布団の中でいい夢を見られるということになるのです。

『千夜一夜』は、王様に対して千夜一夜語り続けるわけですが、王様はセラザートが粗相をしたら何時でも殺してやろうと思っています。ほんとうに面白いおはなしでないと、自分は殺されてしまうという意識をセラザートは持ちながら王様に語り続けます。これが昔話の原型ではないでしょうか。

聞き手の王様が子どもだとするならば、子どもは何時だって面白いものだけを待っています。そこから、何かを学ぼうなどとは全く思っていません。朝、学校に行ったり、遊びに出かけて、いっぱい面白いことをしてきた、嫌なこともいっぱいしてきた。それとは違った世界で、向こうの世界で素敵な面白い経験を人間の心の中でもう一度させてくれる。そういう物語の体験をセラザートであるおじいちゃんやおばあちゃんが語ってくれたのです。その面白さが昔話をながらえさせ、今にきていると思います。

今という社会をみればみるほど、昔話が必要ではないかと思います。昔話は子育てそのもののような気がします。教育界や保育界に目を向けてみると、家庭の教育力や地域の教育力の欠如が叫ばれています。現代の子どもたちにとっては居場所がないと言われています。確かに、地域はある、家庭はある、けれど、子どもたちの心の中に精神的な居場所（帰る場所）がない、『心のふるさと』がないということだと思います。

「むかし　むかし」で始まる昔話には、向こうの世界へ連れて行ってくれて、また現世に連れて来てくれるという〝行って帰る〟という大きな流れがあります。物語の中で行って帰ってくる。そして、帰って来るその場所は、その物語にとって一番安心できる場所です。昔話の場合はしかるべき場所に必ず行く、あるいは、必ず帰ってきます。冒険に出かけても、自分が一番安心できるところに精神が戻ってくることができます。この体験は、人間の成長の基本です。行って帰ってくる場所を子どもたちがどうやって見つけていくか、『心のふるさと』をどうやって見つけていくかです。子どもたちは、その帰って来る『心のふるさと』を、昔話を通して感じ続けていきます。

さらに子どもたちは自己同一化していきますので、色んなパターンの行き先、色んなパターンの人間に自己同一化して、自分にとっての本当の可能性を昔話を通してさぐっていきます。おまけに時間を越えています。子どもの感受性は大人に比べると鋭いので、人生の色んな経験をしていなくても、物語を身近な人が語ってくれている限り、物語は子どもの心の中に深く入っていくのです。

もう一つ大切なことは、昔話を聞いたことは楽しかった。そして、思い出せるのは昔話の内容よりも場所・空間です。その空間は、物語として行って帰って来るだけではなく、語り手の心の中から飛びだして行って、語り手の心の中に戻って来るという空間です。だから、園の先生やお父さんやお母さんに語ってもらう子どもは、間違いなく先生やお父さんお母さんの心の中に戻ってくるのです。

あれほど悲劇的で、あれほど未来が展望できないナチスの収容所の中で、人間が作り出した最も残忍な施設であったにもかかわらず、未来に対して希望を持ち続けてレジスタンス運動をやってきた人たちがいました。その事実を追跡調査した結果では、その人たちの家庭は実に多くの昔話が語られていたということをどこかで聞いたことがあります。これは、行って帰ってくるという自己同一化、親の所から出て行って、親の所へ戻ってくる、という物語の形がすべて収斂されています。まさに、刹那的にはならなかったということです。

また、ベッテルハイムは、

たえず子どもたちに襲いかかっている別離の不安は、他者との間に真実の結びつきがつくりだされることによってしか克服されないことを昔話は示唆している。しかも、愛を媒介とする他者との根づよい絆は、母親にいつまでもしがみついていたいという彼らの願望からはつくりだされないことを示唆している点が重要なのだ。もし、彼らがいつまでも両親によりかかっていると『ヘンゼルとグレーテル』のように、否応なく家から追い払われるのである。つまり、この話は世の中へ出ることによってしか、自分自身を確立できないことを子どもたちに教えているのだ。それは子どもたちが両親への依存をたちき

って独立した存在になるのを助け、導くのである。

と言っています。

昔話を聞くことは楽しいことですが、その楽しさは子どもたちにとっては、

① 生きていくこと
② 愛しあうこと
③ 希望を持つこと
④ 決してくじけないこと

その他、多くのことを含めての楽しさなのです。

現代人はこれらのことを、みな忘れてしまって、合理的なことと経済的な豊かさを求めるようになってしまいました。合理的なことを家族が求め、親が求め、そしてなおかつ、経済的な豊かさを求めるようになると、親にとって子どもが、合理的に見ていこうとする対象になり、物になってしまいます。そうすると、親の所へ帰ってこられなくなるのです。

例えば、新入園児が入ってくると、最近は泣かない子どもが多くなってきました。これは明らかに帰るべき所、親のいる家から来た子どもではなくて、ただ平行移動しただけの子どもたちです。園に馴染むまでは泣くのが当たり前です。家庭に物語がいっぱいあったならば、泣かなくてもいいけれど、それほど不安がるものです。その不安を乗り越えられて園の生活が始まり、次にその園自体が子どもの精神

にとっては行って帰ってくる場所にもなりうるのです。

ところが、家庭にも園にもおはなしがなくなったとすると、子どもたちはどこへ行ってもその場所を発見できないまま、身体のみが大きくなっていきます。どこにも帰る場所がないということは、何をしても、何をしなくても許されるという人生になってしまいます。そうすると、相手を傷つけても、傷つけられても、その本質的な意味がわからないまま現在社会の闇の中へと流されていってしまいます。

それが、まさに現在病の原因の一つかもしれません。

3 生きるための危機管理

人間の一生には色んなことがあります。とりわけ、現代社会には厳しいものがあります。今の幼い子どもたちが青少年期を迎え、そして大人へとなっていく。その社会がどんな社会になっているのでしょうか。地球規模の問題がクローズアップされるなかで、予測ができません。長い人生の中で壁にぶちあたったとか、いじめたとか、いじめられたとか、または、人生の岐路にたった時に自分自身でバランスある危機管理ができるかどうかは大きな問題です。昔話の語り手たちはそれを意識して語っていたのかもしれません。

① 孤立性

マックス・リュティは、昔話の主人公像というのは

② 援助者がいる
③ まわり道をする存在
④ 向上線をたどる人生の履歴書
⑤ 緊張の担い手
⑥ 救済のメルヘン
と言っています。

① **孤立性**

おじいさんとおばあさんがいました。子どもがなかなか生まれませんでした。やっと生まれました。一人っ子です。昔話に多いのは一人っ子です。一人っ子だけで孤立しています。もっとすごいのは、やっと生まれました、でも一寸法師でした、親指小僧でした、ロバの子でした、つぶ息子でした、というように異常なものとして生まされています。もっと孤立しています。

つまり、地域社会から馬鹿にされ、さげすまれ、いじめられ、しかとされ、というそういう存在です。さらに多いのは三人きょうだいの末っ子的な存在です。現在的に言えば、長男は東大、次男は有名私立大学、末っ子は馬鹿でアホで、しかとされ、いじめられるという存在です。それが昔話の主人公に多いタイプです。

『なら梨とり』は、身体をこわしたお父さんが「梨が食べたい」と言い、長男が採ってきてやろうと出かけますが、山のおばあさんが何を言っても耳をかしません。現在版、俗にいう頭のいい子タイプです。二番目も同じタイプです。三番目はおばあさんが、「あっちへ行くなこっちへ行け」と言う言葉に耳をかすことができます。つまり、自分の存在自体が自分の力だけで生きているのではなくて、耳をすます（いい耳を持っている）ことによって生きていけるタイプが馬鹿にされ、アホにされたことによって、かえって強くなっています。馬鹿にされ、アホ扱いされ、しかとされ、いじめられていた人間が、ほんとうは人生の最も大事な側面において、最も意味のあることを、最もイキイキとしたことをやる、というところまで昔話は語っています。

②　援助者がいる

①のいい耳を持っていることを含め、誰かが何かを援助してくれます。イギリスの『金のがちょう』の中では、小人が援助してくれます。人生そのものです。

③　まわり道をする存在である

「王様の娘を笑わせたら結婚させてあげる」と言って、

笑わせたのに、もう三つ謎かけをさせられたりして、なかなか一直線にはいきません。人生はまわり道をしながら、ゆっくりゆっくりと目的に向かって歩いていくものです。

④ 向上線をたどる人生の履歴書

平成一〇年に年間自殺者数が三万人を超え、その後も高い水準で増え続けています。また、将来のある子どもの自殺や二〇歳代、三〇歳代を中心にインターネットの自殺サイトなどを通じた集団自殺が問題化しています。その原因は複雑多岐にわたるため、軽率な発言は差し控えますが、どんな昔話の主人公像を追っても、悲しみのあまり、絶望のあまりに自殺したという主人公はいません。どんなにやられても、地面を這いながらでも、オイオイ泣きながらでも、太陽に向かっていっています。それはすごいエネルギーです。娘は兄たちが救われるまでは絶対に口をきかないと、火あぶりにされる直前まで耐えるわけです。それは、生きていく大切さ（太陽）を信じているからです。

⑤ 緊張の担い手

昔話の主人公は、あっちの世界へ行って帰る。行くわけですから、未知の世界では何が自分に襲いかかってくるかわからないことばかりですから、緊張しながら真剣に生きています。

⑥ 最終的には救済のメルヘン

話のすじの中心に立っている人物が、しばしば救済者であり、救済されるべき者となっています。例えば、石になっていた人を助けるばかりでなく、町や世界全体が救済されることもあります。そして、救済者はみな幸せをつかんでいます。

このように、最初は馬鹿にされていたやつが、死なないで、泣きながらでも太陽に向かって歩いて行きます。ぐずで、緊張しながら一生懸命に廻り道をしながら歩いて行きます。最終的にはその主人公が歩いてきた道自体が、石になった人を助けたり、困っていた人を助けたりします。『寝太郎』などは典型です。

子どもたちはほんとうに寝ているように見えながらも、実は心の中ではたくさんのことを感じ、感動しながら、いつかまた歩きだします。それが、そうであるということを、私たち現代人は見えなくなってきています。感じとれなくなってきています。それは、高度成長以後の合理的なものの考え方と経済的豊かさをとりあえず求めてきた現れだと思います。

4　子どもの深層に浸みわたる子育てを

今、子育て真っ最中のお母さん・お父さん方は、どのくらい昔話を語ってもらった経験があるでしょうか…？　日本の高度成長の真っ最中に生まれ、乳幼児期・青少年期を過ごしてきました。一般的な言い方をすれば語弊はあるかもしれませんが、まさに〝テレビに子守りをさせる〟世代だと思います。いい園へ、いい学校へ、いい大学へ、そしていい企業へと、直線的思考の中で作られた目標に向かって生きてきました。しかし、経済は絶えず上昇するという神話も今や崩れようとしています。雇用不安もあります。

科学万能の現代社会において、昔話を非科学的と思っている方もいると思います。しかし、いつの世の中でも科学では証明できないことはあると思います。色んなことを感じたり感動している人間の心自体が、最も素直に写し出されているのが昔話です。昔話こそが、ファンタジーこそが最も科学的なのかもしれません。昔話は時間を越えた世界を語っていますが、そのことによって、人間に何かを盲目的に信じさせていく世界とは異なります。人生そのものを非常に合理的に科学的に語っています。人生を合理的に語るということ自体が、現実の語り方では至難の技ですから、昔話特有の語り方が編み出されたのではないでしょうか。

つまり、地獄のことを語る時に、地獄なんて嘘ではないかということは簡単ですが、地獄ということを想像力で生み出し、そして語り始めた人たちの想像力のほうが、地獄

のことを思いもしなかった人よりも、はるかに想像力は深く、人間の心の中の暗部を照らしだす方法としては最も有効な正確なやり方だと思います。だとすると、昔話の語り口は、その人間の心に最も誠実に入っていく一つの表現方式です。そうでなければ、人類が永きにわたって楽しんできたはずはありません。

悲しいことを経験した子どもに、その悲しみを見つめさせて、それと同じような話をし、教訓的に語るよりも、悲しいこととは全く違う楽しいおはなしを子どもたちに語ってあげたほうがいいです。人間には色んな可能性があります。色んな生き方があります、こんな可笑しい、こんなバカバカしいこともある。こんな素敵な人もいる。素敵だとは思わなかった人の方がこんなに素敵だった。色んなことがあります。そのごった煮みたいなものが昔話にはあります。にもかかわらず、ごった煮の中に理に適ったルールがあるというのが昔話ではないかと思います。

口承文芸という永きにわたり語られてきた昔話には、集団生活を営む家庭や地域の生活に根ざしたものがあります。しかし、現在社会は少子化・核家族化が進んできました。地域社会も崩壊してきました。国レベルでは数々の育児支援を模索しています。私自身、現在の育児支援のあり方については多くの疑問を持っています。形だけを整えるのではなく、内実をしっかりしてほしいと思っています。企業にとって、親にとって都合のいい育児支援ではなく、子どもの心に残る、いや、子どもの心の中に深層として深く潜んでいく育児支援を行ってほしいと思います。その一つが読み聞かせや昔話を語ることではないでしょうか。

おわりにかえて

ここ数年の間、保育者や子育て最中の保護者を対象に、機会があるたびにエゴグラムをとらせていただきました。エゴグラムとは、アメリカの精神科医によって、交流分析を基礎理論としながら、他の心理療法、理論を組み込んで一九六〇年代に完成された性格分析法で、医療機関においても精神疾患の患者を分析するための方法の一つとして用いられています。エゴグラムは、養育態度や対人パターンを把握するのに便利なテストで、産業教育界などでは古くから利用されています。

なぜこうした調査をはじめたかというと、昨今の〝親の子殺し〟や〝子の親殺し〟など様々な事件の加害者は乳幼児期の育ちが大きく影響しているのではないかとかねてから思っていたからです。それらの様々な事件・事柄を見聞きするたびに、バランスの悪い人間が多くなっている、その背景にはバランスの悪い子育てがあるに違いないと感じていたからです。そうした子育ての結果、これは多くの識者がいうように、基本的信頼関係、つまり一対一の関係が築けていないことにつながっているように思いました。幼い子どもが基本的信頼関係を築きにくい背景には、育てる側の感性が大きく左右します。育てる側に何が欠けて、何が過剰なのか。それを知りたかったからです。

『警告！早期教育があぶない―臨床現場からの報告』（日本評論社）によると、一九八〇年代までの母親と、一九九〇年代の母親のエゴグラムには変化が生じている――八〇年代までの母親のパターンは、子どもに対して厳しい親（CP）よりも優しい親（NP）が高く、自分の欲求を優先させる部分（FC）

よりも、周囲（育児においては子ども）に合わせる部分（ＡＣ）のほうが高いというパターンでした。ところが、九〇年代に入ってからは、その逆など、さまざまな型のエゴグラムが現れ始め、自分の欲求を優先させる（ＦＣ）の高い母親が増え始めた――という報告がされています。

そして今は二〇〇〇年代です。私自身の調査結果について感想を述べると、次のようになります。

① グラフの折れ線に、鋭角が多く、バランスが悪い。
② ＮＰが低い（優しさ不足）人がかなりいる。
③ ＮＰ（優しさ）よりもＣＰ（厳しい）が高い人がかなりいる。
④ ＦＣが極端に低い（子どもと接することが苦手）な人や、ＦＣが極端に高い（自分優先）の人がかなりいました。

今、人見知りをしない子ども、四月に初めて幼稚園に行っても泣かなかったり不安がらない子ども、保育園にお迎えに行っても親と一緒に帰りたがらない子どもが増えています。本来、子どもは母親に全存在を託しています。それ故にＦＣが高すぎる母親に対してはそれに合わせようと、子どもが従順になりＡＣを高めざるを得ないのです。そしてその問題は、思春期にあらわれる可能性があるのです。

保護者向けにお話をさせていただく時、「乳児の発達課題で最も重要なものは、基本的信頼関係です。子どもがそれを獲得するためには保育者や親は優しくなければならない」と話すと、では「どうすれば優しくなれますか？」という質問が必ず出てきます。

そうしたことがあり、ふと「そうか。今の若いお母さん方は子育ての伝承文化を引き継いでいないんだ。『優しくなれ』とお説教をしても、優しくできる術を身につけていないんだ」ということに気づきました。その後そうした質問に対しては「読み聞かせをしてあげたり、わらべうたを唄って遊んだりすることはありますか？ 読み聞かせしたことのある絵本のタイトルを教えてください。わらべうたはいくつ知ってますか」と尋ねています。

絵本の読み聞かせを楽しんだり、わらべうたを唄って遊んだりする人は、子どもにきつい対応をしたり、指示命令をしたりはしません。読み聞かせをすればするほど、わらべうたで遊べば遊ぶほど優しくなれるのです。

子育てというものは手間がかかります。どんなにハイテクな時代になっても子育ては〝ローテク〟です。今、私たちが見きわめなければならないことは、〝不易〟と〝流行〟です。どんなに世の中が変わろうとも、変わってはいけないものがあります。いつの時代でも、どんな社会でも大切にしなければならないものがあるはずです。判断基準は古いとか新しいではありません。何が正しいかです。

幼い子どもたちの三年後、五年後、一〇年後——将来素晴しい人生を送れる根っこは乳幼児期、とりわけ乳児期です。幼い子どもと接している皆さま方の現場から、読み聞かせ・わらべうた運動を起こすことこそが、なによりも子育て支援であり、次世代育成支援になると確信しています。

【参考文献一覧】

『乳幼児の心身発達と環境―大阪レポートと精神医学的視点―』（服部祥子・原田正文著 名古屋大学出版会 1991）
『子育ての変貌と次世代育成支援―兵庫レポートにみる子育て現場と子ども虐待予防―』（原田正文著 名古屋大学出版会 2006）
『滅びゆく思考力』（J.　ハーリー著　西村辨作　新美明夫　編訳 大修館書店 1992）
『サイレントベビー』（柳沢　慧著 クレスト新社 1998）
『ゲーム脳の恐怖』（森　昭雄著 日本放送出版協会 2002）
『センス・オブ・ワンダー』（レイチェル・カーソン著 上遠恵子訳 祐学社 1991）
『こころの育児書―思春期に花開く子育て―』（原田正文著 エイデル研究所 1995）
『子育て小事典―幼児教育・保育のキーワード』（岸井勇雄著 エイデル研究所 2003）
『機微を見つめる―心の保育入門―』（山田真理子著 エイデル研究所 1997）
『ほんとの読み聞かせしてますか―えほんとほいく―』（梅本妙子著 エイデル研究所 1989）
『昔話の深層』（河合隼雄著 福音館書店 1977）
『昔話　その美学と人間像』（マックス・リュティ著 小澤俊夫訳 岩波書店 1985）
『昔話と文学』（野村泫 著 白水社 1988）
『見える学力、見えない学力』（岸本裕史著　大月書店 1981）

著者紹介

新開　英二（しんかい・えいじ）

【経歴】

1950年	大分県に生まれる
1977年3月	福岡大学法学部法律学科卒業
1977年4月	ジャスコ（現イオン）入社後、 産業教育関係の出版社勤務を経て
1983年7月	㈱エイデル研究所設立に参画 「げ・ん・き」編集長　出版部部長
1997年4月	㈱エイデル研究所　取締役出版部長
2008年4月	㈱エイデル研究所　常務取締役出版部長 現在に至る

【主な著書】

『読み聞かせでのびる子ども』（共著 エイデル研究所 1993）
『おもちゃの選び方　与え方』（共著 エイデル研究所 1993）
『見直そう子育て　立て直そう生活リズム』（共著 エイデル研究所 2003）

「言葉の力」が子どもを育てる～今、子育てに必要なこと～

2008年9月12日　初刷発行
2008年11月7日　2刷発行

著　　者　　新開　英二
発 行 者　　大塚　智孝
印刷・製本　　㈱シナノ

発 行 所　　エイデル研究所
〒102−0073 東京都千代田区九段北4−1−9
TEL 03（3234）4641
FAX 03（3234）4644

ISBN978-4-87168-441-5 C3037